Compra oro

Compra oro

GUSTAVO MARTÍNEZ

EDICIONES DEUSTO

Deusto es un sello editorial de Centro de Libros PAPF, SLU.
Av. Diagonal, 662-664
08034 Barcelona
www.planetadelibros.com

Diseño de colección: Andrea Pedrosa Luque

Primera edición: mayo de 2026
Segunda edición: junio de 2026
Depósito legal: B. 25.050-2026
ISBN: 978-84-234-4053-5
Composición: Dímeloengráfico
Impresión y encuadernación: Arcangel Maggio Europa
Printed in Spain - Impreso en España

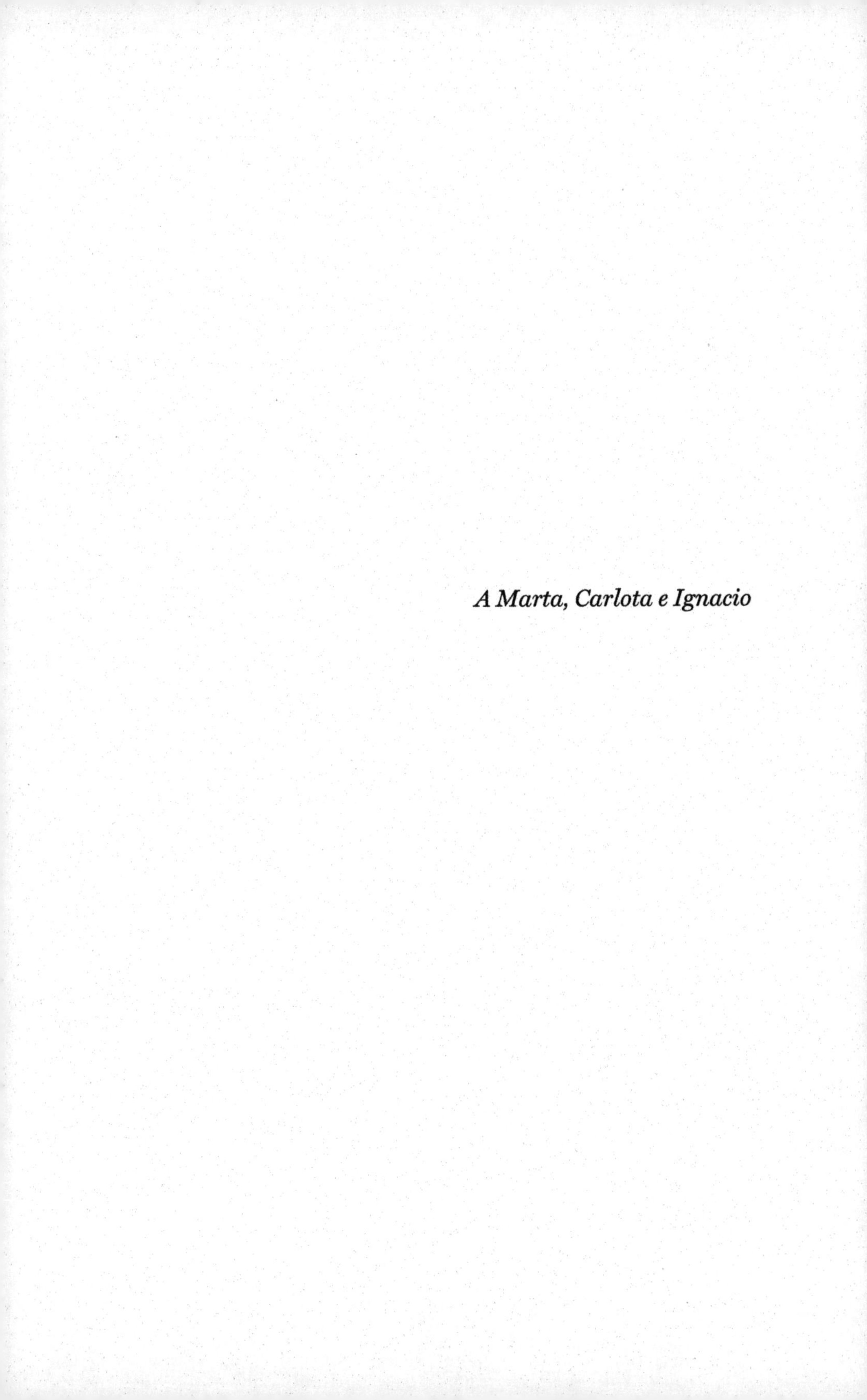

A Marta, Carlota e Ignacio

Sumario

Prólogo

El oro, el mejor antídoto contra el virus de la destrucción monetaria

Es para mí un honor hacer el prólogo de este libro de Gustavo Martínez, una obra esencial para cualquier ciudadano que esté interesado en protegerse contra la constante destrucción del poder adquisitivo de las monedas. Gustavo Martínez es un experto inversor, analista y un destacado economista, y combina su vasto conocimiento sobre la historia del dinero con una capacidad de divulgación excepcional y una experiencia muy valiosa como inversor que entiende el mercado financiero. Es uno de los mejores analistas que tiene España y, en este libro, enseña al lector lo que es el dinero y cómo defenderse del asalto del estatismo depredador.

El oro es dinero y todo lo demás es crédito. Esta frase, atribuida a J. P. Morgan, refleja que el oro no es una reliquia bárbara ni un activo fetiche, sino el termómetro más claro de la destrucción monetaria que sufrimos.

El dinero no es la moneda y el dinero no tiene por qué ser emitido por un Estado. Para que un activo sea dinero, debe cumplir tres características: que sea unidad de medida, reserva de valor y método de pago generalmente aceptado. Hay decenas de monedas estatales que no son «dinero» y hay activos no emitidos por el Estado que tienen cualidades de reserva de valor mucho más sólidas que el dinero fiduciario.

Los estados no se financian con impuestos, se financian emitiendo deuda y la deuda pública es la moneda fiduciaria. Cuanta más moneda se emite por encima de la demanda del sector privado, esa promesa de pago pierde valor. La inflación no es la subida de los precios, es la pérdida de poder adquisitivo de la moneda y es equivalente a un impago implícito: el Estado emite una promesa de pago que va perdiendo valor y poder adquisitivo. Igual que una empresa que emite mucha más deuda de lo que puede pagar, el precio de sus bonos cae y la rentabilidad exigida sube. Con la moneda estatal, que es deuda, pasa lo mismo: cae el precio, pierde poder adquisitivo y es más caro financiarse.

Cuando el oro sube de manera persistente frente a las principales divisas, no está haciendo máximos históricos; está mostrando hasta qué punto se ha deteriorado el poder adquisitivo real de esas monedas, fruto de años de políticas fiscales y monetarias irresponsables.

Cuando entendemos esta realidad, que Gustavo Martínez explica con claridad en un manual que es esencial para personas interesadas en la materia y también para expertos, empezamos a darnos cuenta de que nuestro objetivo a largo plazo debe ser protegernos de los estados. Estos estados están encantados de hacer «promesas de papel» que pagarán en una moneda cada vez menos valiosa. Lo que el despreciable consenso keynesiano llama «uso social de la moneda» no es otra cosa que depreciar constantemente la moneda estatal para prolongar la extracción de riqueza de los estados.

¿Por qué quiere un estado que la moneda pierda poder adquisitivo? Porque es una manera de remunerar al sector privado con una moneda cada vez menos valiosa y, además, es la manera perfecta de engañar a los ciudadanos diciendo que les van a pagar pensiones, subvenciones y ayudas eternas que luego no valen nada. Además, el estado depredador siempre culpará de la inflación a los supermercados o las empresas y se presentará como la solución: Engaño perfecto. Por eso es tan importante este libro. Este libro es como la píldora roja de Matrix; enseña la cruda realidad y ofrece soluciones para defenderse.

La clave para entender el oro hoy no es tanto su precio nominal, sino contra qué lo medimos. En un entorno de deuda récord, expansión monetaria crónica y tipos artificialmente deprimidos, la subida del oro refleja la pérdida de confianza en la moneda estatal y en la solvencia de los estados desarrollados.

En muchos libros he insistido en que la inflación no es el IPC, sino la pérdida de poder adquisitivo de la moneda. El oro captura precisamente esa erosión silenciosa que no siempre se ve en la cesta oficial de precios, pero sí en el coste real de la vida, los activos reales y financieros, que se encarecen porque la unidad de cuenta se devalúa.

Un dato fundamental que demuestra lo que comento es el comportamiento de los propios bancos centrales. Durante años se repitió que el oro ya no era relevante en el sistema financiero moderno. Hoy vemos a las autoridades monetarias de China, Polonia, Turquía, Omán y muchos otros países reduciendo el peso de la deuda soberana de economías desarrolladas en sus reservas y aumentando de forma récord sus compras de oro.

No es un gesto simbólico ni ideológico: es una respuesta racional al deterioro fiscal y monetario de los países desarrollados que se acostumbraron a pensar que podrían disfrazar sus desequilibrios emitiendo deuda sin control y monetizándola. El euro ha perdido su posición líder como moneda de reserva relevante y los bancos centrales prefieren oro físico antes que deuda pública. El mensaje es claro: no se fían de la promesa implícita de que esa deuda se pagará sin inflación, impagos selectivos o represión financiera.

No es casualidad que los bancos centrales del mundo estén comprando más oro que nunca. Ellos, que saben de dinero, no se fían de la capacidad de defender el poder adquisitivo, solvencia y fiabilidad de estados que son incapaces de reducir el gasto público, la deuda y que lanzan a sus países al estancamiento secular.

Los estados de las economías desarrolladas se creyeron que podían aumentar gasto público y deuda eternamente, amparados en bancos centrales dispuestos a comprar esos activos a cualquier precio y mantener tipos bajos, incluso negativos. Sin embargo, cualquier estado tiene tres límites a la hora de emitir moneda y deuda: el económico (más deuda pública genera menos crecimiento o directamente estancamiento secular), el fiscal (más impuestos no bajan el endeudamiento y además se dispara el coste por intereses en el presupuesto) y el inflacionario (cada emisión adicional de moneda deteriora más el poder adquisitivo). Hoy, la mayoría de los países desarrollados han cruzado esos tres límites simultáneamente, especialmente Japón, Reino Unido y Francia en la eurozona. Aunque el dólar sigue siendo la moneda de reserva global, también pierde poder adquisitivo y se reduce su peso en los bancos centrales mundiales.

El oro descuenta ese exceso estatal. Cuando los mercados empiezan a desconfiar de la deuda pública de Francia, Reino Unido, Japón o de varias economías europeas, la renta fija tradicional deja de funcionar como activo defensivo. Además, la inflación estructural se convierte en norma. Se produce una reasignación natural hacia activos reales que funcionan como verdadera reserva de valor, como el oro o la plata. La subida del metal precioso no es especulación, sino un voto de censura a la gestión fiscal y monetaria de las principales potencias.

Mientras todo esto sucede, los principales bancos centrales aceleran proyectos de monedas digitales de banco central (CBDC), como el llamado euro digital. Se presentan como avances tecnológicos, pero en realidad profundizan el poder de vigilancia, control y represión financiera sobre el ciudadano.

En ese contexto, no sorprende que los activos refugio no sujetos a la manipulación política directa, como el oro, la plata y, en menor medida, algunas criptomonedas, se disparen. Lo que el mercado está descontando no es un escenario idílico de estabilidad, sino la combinación de más deuda, más inflación encubierta y más control monetario, frente a la cual el oro actúa como ancla de valor fuera del alcance del burócrata.

Defender el oro como protección frente a la destrucción monetaria no implica caer en un culto irracional al metal. El oro no genera flujos de caja y su precio puede ser volátil en periodos de liquidez extrema o desinflación, por lo que debe funcionar como el activo descorrelacionado, el portero y parte de la defensa en un equipo de una cartera de inversión equilibrada.

En un entorno de inflación estructural y tipos reales negativos, la renta fija tradicional pierde buena parte de su función protectora. Esto es lo que han entendido los bancos centrales del mundo. Por eso, una cartera prudente debe incorporar activos reales que protejan contra la pérdida de poder adquisitivo de la moneda: oro, plata, algunas materias primas y determinados activos de crédito privado, combinados con renta variable de calidad.

El oro no es una moda, es una señal de aviso. Cada vez que el oro marca nuevos máximos en divisas fiduciarias, está recordando a gobiernos y bancos centrales que la confianza no se decreta por ley; se gana con disciplina fiscal, estabilidad institucional y respeto al ahorro. Cuando esa disciplina desaparece, cuando se normaliza el déficit permanente, la monetización de deuda y el desprecio al contribuyente, el oro se convierte en el espejo incómodo de la realidad.

Este libro es especialmente crucial en un momento en el que los inversores y ahorradores están confusos y no entienden por qué se disparan los activos mientras la incertidumbre económica aumenta. El estado está en una guerra contra el ahorro y los salarios reales y este libro es la mejor arma para defenderse.

Daniel Lacalle
Doctor en Economía, gestor de inversiones y profesor de economía global

Introducción

Desde que se tiene conocimiento de su existencia, el ser humano ha convivido siempre con el oro. El estudio del oro, *prima facie*, no es el estudio del metal como un elemento de propiedad industrial, ni tampoco como la materia prima que compone las joyas y adornos tan deseados por todos. El estudio del oro es el estudio de la filosofía y ADN mental del ser humano; comprender y desarrollar por qué hemos convivido con él desde tiempos de Mesopotamia, 4.000 años antes de Cristo, es adentrarse en la naturaleza más profunda del ser humano y conocimiento del mismo, la filosofía que lo envuelve, los patrones que lo mueven y, en definitiva, el lenguaje máquina que programa sus más atómicos procedimientos. El oro ha tenido un papel sagrado en muchas culturas. Su naturaleza extraña, durabilidad, brillo y maleabilidad le han otorgado un valor divino que lo ha llevado a ser asociado con los dioses, la realeza y la pureza espiritual.

Y esto ha sido así hasta nuestros tiempos, sea cual sea la religión, sea cual sea el templo, sea cual sea la comunidad. A lo largo de los capítulos de este libro veremos cómo el concepto de rareza se vuelve clave para entender por qué el ser humano ha considerado bello, valioso y divino a determinados metales a lo largo de su historia y por qué esta cualidad es esencial para determinar su valor intrínseco. Profundizaremos en el concepto de punto focal, y trataremos de entender y aplicar el concepto de escaso a aquellos activos que son un poco más complejos de valorar por carecer de información precisa explicada por el propio activo y que a menudo es muy útil para valorar otros activos de carácter financiero y real.

A este respecto me gustaría mencionar a mi amigo Manuel Polavieja, economista y divulgador español del **Instituto Juan de Mariana,** quien en un brillante artículo[1] explica por qué el valor del oro no procede de razones estéticas ni culturales, sino de dos propiedades económicas fundamentales: **su escasez natural** y su **fácil distinguibilidad.** La primera garantiza una alta probabilidad de limitación futura de la oferta, condición esencial para que un bien conserve su valor en el tiempo; la segunda, derivada de sus propiedades físicas —especialmente su densidad—, ha permitido durante milenios identificarlo y verificar su autenticidad sin necesidad de conocimientos técnicos, haciendo prácticamente inviable su falsificación. Esta combinación excepcional convirtió al oro en un punto focal espontáneo para la coordinación económica, ya que todos podían reconocerlo y anticipar que los demás también lo harían, sin necesidad de acuerdos previos ni confianza arbitraria para que la gente lo aceptase como reserva de valor: cualquiera que lo valore por sí mismo lo haría de forma natural y espontánea, asumiendo racionalmente que los demás también lo harían por las mismas razones objetivas.

Frente a las interpretaciones que reducen su valor a una mera creencia compartida o a un constructo social sin base material (como a veces se presenta en críticas modernas al dinero «duro»), el fundamento del oro es profundamente racional y tangible. Está anclado en cualidades intrínsecas observables y verificables: su extrema escasez natural, durabilidad casi eterna (no se corroe ni degrada), alta densidad (fácil de almacenar y transportar grandes cantidades de valor), maleabilidad y divisibilidad (permite acuñar monedas o joyas precisas), fungibilidad (una onza es idéntica a otra) y resistencia a la falsificación (difícil de

1. <https://juandemariana.org/la-verdadera-causa-del-valor-del-oro/>.

imitar sin detección evidente). Estas propiedades no dependen de narrativas ni de fe colectiva; son hechos objetivos que cualquier persona, en cualquier época o cultura, ha podido evaluar de forma independiente, llegando a la misma conclusión: el oro es un bien superior para preservar riqueza a lo largo del tiempo y el espacio. Por eso ha emergido como dinero espontáneamente en múltiples civilizaciones, sin necesidad de decretos centrales ni propaganda. Su valor no es «porque todos creemos que lo tiene», sino porque todos reconocemos de manera racional y basada en evidencia material que lo tiene.

Pero sin adelantarme a lo que después será motivo de explicación exhaustiva, y retomando el ejemplo de las religiones para entender y asociar el concepto de raro a valioso y este a divino, cualquier persona que frecuente las iglesias católicas solo necesitará ser un poco curioso para reparar en el hecho de que el oro es parte fundamental de ellas. El oro representa la presencia y la gloria de Dios.; su resplandor y luminosidad evocan una conexión con la luz divina y con la pureza celestial. Por su cualidad de incorruptible, simboliza la naturaleza eterna e inmutable de Dios.

Que una de las propiedades fundamentales del oro sea su incorruptibilidad es indispensable para entender la conexión místico-religiosa que lo unen al hombre. De hecho, en la Biblia es continuamente mencionado como un metal digno de ofrendas a Dios. Pero, si observamos detenidamente, veremos que muchos altares de iglesias están adornados con oro para mostrar reverencia y respeto hacia el sacrificio de Cristo. Se ha usado para hacer tabernáculos, relicarios, cálices y objetos litúrgicos, elevando el espacio como un lugar donde se encuentra lo divino. En el libro del Apocalipsis, se describe **Jerusalén** como la ciudad celestial, cuyas calles son de oro puro, símbolo de la perfección del cielo. Este uso también refleja la tradición de «dar lo mejor a Dios», por la que las comunidades ofrecían y contribuían con materiales preciosos para embellecer los lugares de culto.

En el judaísmo, el oro fue usado en el Tabernáculo y los utensilios del Templo de Jerusalén, como el Arca de la Alianza y la Menorá, simbolizando alianza y pureza.

En el Islam, aunque los hombres tienen prohibido usar el oro como joya, está permitido para las mujeres y en objetos religiosos. Se utiliza para embellecer caligrafía coránica y decoraciones en mezquitas, como en la Cúpula de la Roca en Jerusalén.

En el hinduismo, el oro representa riqueza, pureza y buena fortuna, y está asociado a la diosa Lakshmi. Se usa en rituales y festivales, y adorna las representaciones de deidades y templos, como se ve en el Templo Dorado de Amritsar.

En el budismo, simboliza la iluminación, la pureza y el desapego material; las estatuas de Buda y templos, como la Pagoda Shwedagon en Myanmar, están cubiertos de oro, reflejando su conexión con el cosmos. Raro es el templo budista donde no predomina el color del oro. Muchas estatuas de Buda están recubiertas de pan de oro, no porque el Buda fuera dorado en vida, sino para expresar su estatus divino y su conexión con la iluminación. El oro refleja la inmortalidad y la perfección del Dios.

En civilizaciones como la egipcia, el oro era considerado la «carne de los dioses» y se usaba en sarcófagos y máscaras funerarias. Los antiguos egipcios solían enterrar a los muertos, especialmente a faraones y miembros de la élite, acompañados de oro debido a su profundo significado espiritual y simbólico. Este metal era considerado sagrado, relacionado con la inmortalidad y la conexión con lo divino. En su visión de la vida después de la muerte, el alma del difunto continuaba existiendo y necesitaba protección, riquezas y herramientas para su viaje eterno. El oro, por su naturaleza incorruptible, era el material ideal para simbolizar la vida eterna y garantizar que la persona mantuviera su estatus incluso en el más allá.

Un ejemplo claro es la máscara de Tutankamón, hecha de oro puro, diseñada para resguardar su cuerpo y guiar su espíritu en el más allá.

El oro también tenía un propósito mágico y ritual: muchos de los objetos enterrados llevaban inscripciones con encantamientos y oraciones del *Libro de los Muertos,* destinados a proteger y guiar al difunto en su travesía por el mundo de los muertos, el Duat. Por tanto, el oro no sólo representaba la riqueza y el poder, sino también la pureza, la eternidad y la protección espiritual.

En tradiciones indígenas y paganas, el oro era un símbolo del sol y del poder divino, utilizado en rituales para conectar con deidades solares. En todas estas tradiciones, el oro trasciende su valor material para convertirse en un puente simbólico entre lo humano y lo divino, ideal para representar lo eterno, lo puro y lo trascendente.

No es, por tanto, extraño que tras siglos y siglos de estrecho vínculo sentimental, el oro siga ocupando un papel muy importante en nuestras vidas, no sólo por el uso puramente ornamental que de él deriva y cuya demanda, que estudiaremos y veremos más adelante, sigue siendo a día de hoy un componente fundamental de adorno, embellecimiento, estatus, glamour, diferenciación y por supuesto valor y distinción.

Su propiedad refugio testeada con fuerza a lo largo de tantos y tantos siglos de existencia humana convierten al oro en un bien con una versatilidad genuina.

Quizás la denominación o la agrupación del oro y la búsqueda de la terminología adecuada para su clasificación haya sido una de las características que más han podido confundir a los inversores a lo largo de los años.

En los años en los que empecé a dar mis primeros pasos laborales trabajé en una enorme sala de tesorería de un gran banco donde se mezclaban traders, dealers y brokers de divisas y renta fija. Quedé impactado cuando me di cuenta de que allí se trataba al oro como una divisa más. No en vano, las primeras partes de los moorning meetings se dedicaban a las principales divisas del mundo (majors) en las que se hablaba y correlacionaban pares de divisas tan importantes como el eurodólar (EUR-USD)[2], dólar-Yen (USD-JPY), Dólar-Libra (USD-GBP), Dólar-Suizo (USD-CHF) y como no oro-dólar (XAU-USD). Todos ellos denominados bajo la estandarización ISO.

Ciertamente revelador es que algunos metales como la plata o el oro estén clasificados dentro de los estándares ISO, porque no han dudado en ser considerados como divisas a pesar de sus

2. EUR-USD Constituye el par de divisas más liquido y negociado del mundo.

usos dispares en industria o joyería. Para entender la importancia de esto es importante conocer que el sistema ISO (International Organization for Standardization) por sus siglas en inglés, es un sistema desarrollado por la Organización Internacional de Normalización para asignar códigos únicos y universales a las divisas, algunos metales preciosos y ciertos activos financieros de todo el mundo. Estos códigos facilitan el reconocimiento y la interoperabilidad en transacciones internacionales. Por ejemplo: **USD** es el código oficial del dólar estadounidense según el estándar ISO 4217, que define códigos de tres letras para las monedas a nivel global.

EUR es el código internacional del euro. «EU» representa a la **Unión Europea,** y «R» se refiere a la palabra «euro».

Los códigos de metales preciosos comienzan con la letra «X», indicando que no están vinculados a un país específico. Las siguientes dos letras provienen del símbolo químico del elemento.

Ejemplos:

- **XAU:** Oro (*aurum*).
- **XAG:** Plata (*argentum*).

Aclarado este punto que considero importante para entender el lenguaje de los mercados de divisas y, por tanto, entender que el oro es considerado una divisa más dentro del amplio universo del mercado FOREX[3] podemos empezar a entender el fuerte y fascinante carácter dual del oro.

El carácter dual del oro se refiere a su capacidad para desempeñar simultáneamente los roles de una **commodity** (materia prima) y de una **divisa no oficial** (activo financiero estratégico). Esta dualidad le confiere una posición única en la economía glo-

3. El Forex, también conocido como mercado internacional de divisas por sus siglas en inglés (*foreing exchange*), es el mercado financiero internacional donde se compran y venden las monedas de distintos países. Es un mercado descentralizado y el más grande del mundo, moviendo más de 6 billones de dólares al día.

bal, ya que es valorado tanto por su utilidad física como por su capacidad demostrada de preservar valor en el tiempo, lo que conocemos como depósito valor y que explicaremos largo y tendido en varias partes de este libro.

Así pues, no existe ningún instrumento financiero que haya sido tan versátil como el oro a lo largo de la historia de la humanidad y su utilidad se extiende a una amplia variedad de aplicaciones gracias a sus propiedades únicas. Esta versatilidad lo convierte en un recurso muy valioso tanto en sectores financieros como en los tecnológicos y científicos. Esta característica y sobre todo su propiedad como punto focal[4] del ser humano han hecho que el valor del metal haya ido creciendo conforme su demanda superaba a la producción, sin perjuicio de la inherente volatilidad que forman parte de cualquier activo real que cumple funciones esenciales de cobertura en los mercados financieros y que más adelante veremos en profundidad.

Mi misión con este libro es que, al terminar de leerlo, tengas un concepto del oro mucho más amplio y universal que el clásico y extendido 'valor refugio o joya brillante', y entiendas la importancia de su exclusivo carácter dual. Un carácter dual que le ha permitido desempeñar dos roles fundamentales en la economía y los mercados, combinando propiedades tanto físicas como financieras, y mantenerse como un pilar fundamental en la economía mundial durante siglos, convirtiéndolo en un activo único y altamente valorado.

Además, este libro tiene como objetivo trasladar al lector todas las herramientas de conocimiento necesarias para que este sea capaz de comprender por qué su demanda supera estructuralmente a su oferta, por qué es económicamente escaso, cómo podemos valorar un activo que no produce rendimientos exógenos o en qué parte del ciclo económico es más rentable su posición.

¿Por qué es valioso el oro? ¿Cómo ha cambiado la percepción sobre él a lo largo del tiempo? ¿Qué factores mantienen su rele-

4. Se refiere a una solución o elección que los individuos tienden a seleccionar de manera natural en ausencia de comunicación explícita, porque parece **especial, obvia o lógica** para todos los involucrados.

vancia en los mercados actuales? ¿Qué lecciones de su rol histórico son aplicables en el contexto financiero moderno? ¿Cúal es su valor intrínseco? ¿Por qué corrige? ¿Qué desafíos enfrenta frente a activos alternativos como las criptomonedas?

1

¿Qué es y cómo surgió el dinero?

Si nos damos una vuelta por los libros de historia, nos sorprenderán la variedad de definiciones que existe sobre el dinero y las diferentes explicaciones en torno a su origen. Definiciones y explicaciones que muchas veces presentan un sesgo ideológico y que, por lo tanto, no abordan el concepto con la objetividad y la naturaleza necesarias.

Desde luego, lo que nadie puede poner en tela de juicio es que el dinero es un activo que ha facilitado enormemente el comercio a través de las relaciones de intercambio indirecto y la división del trabajo. Así que, sí, el dinero es eso, un medio de intercambio indirecto con escasa o nula pérdida de valor que minimiza los costes de transacción asociados al mencionado intercambio (mínimo spread) y que favorece e incita al desarrollo comercial a través de la división del trabajo. Digamos que es la materia prima del comercio.

Para entender la importancia del dinero y su papel decisivo en el desarrollo del ser humano, basta con comprender y analizar con perspectiva cómo se han producido las relaciones de intercambio a lo largo de la historia de la humanidad y cómo el hombre ha evolucionado con ellas.

Pensemos en lo costoso e ineficiente que era el trueque: para obtener lo que necesitaban, las personas ofrecían a cambio algo de valor equivalente. Era una forma de comercio primitiva, surgida en las primeras sociedades humanas; impedía que el trabajo se subdividiera y limitaba la construcción de economías de escala crecientes que impactaran positivamente en la calidad de vida. En este sentido, el dinero fue, sin duda, una de las grandes creaciones de nuestra especie, ya que revolucionó la forma en que las sociedades interactúan, intercambian y prosperan.

El principal problema del trueque era que debía darse una doble coincidencia de necesidades, a lo que hay que añadir que las dos partes debían ofrecer, al mismo tiempo, algo con lo que satisfacerse mutuamente. Te pongo un ejemplo: imagínate que necesitas un sofá; para conseguirlo, no sólo hay que buscar a alguien que lo tenga, sino que, además, es fundamental que ese alguien esté dispuesto a intercambiarlo en el momento que tú desees. Y, claro, para ello se debe producir otra carambola: que tú tengas un bien que la otra persona quiera y a ti ya no te haga falta.

Como supondrás, había una enorme cantidad de intercambios que no llegaban a materializarse por la dificultad de que existiese esta doble coincidencia. El tiempo y el esfuerzo requeridos para encontrar a una persona con necesidades complementarias eran considerables, y, en economías más grandes, resultaba casi imposible. En consecuencia, la ausencia de acuerdos comerciales se traducía en pérdidas de producción y economías de escala, con lo que se reducían el dinamismo y la capacidad de las personas para especializarse. Se trataba de una forma de involución, jamás de evolución.

El desarrollo del dinero permitió superar la doble coincidencia de necesidades gracias al uso de *commodities* —y, más tarde, dinero fiduciario— que cumplieran ciertos requisitos:

- **Aceptación generalizada:** el dinero actúa como un intermediario aceptado por todos, lo que elimina la necesidad de buscar coincidencias exactas. Es decir, ahora puedo venderle un sofá a cualquiera y usar el dinero recibido para comprar una vaca sin la necesidad de que su dueño quiera un sofá.

- **Facilidad para almacenar valor:** el dinero permite a las personas recibir un pago por su trabajo o sus bienes que puede usar en el momento y el lugar que deseen (eso sí, determinados dineros no resuelven por completo el problema del almacenamiento, debido a su exposición en el tiempo al riesgo inflacionario).
- **Unidad de cuenta:** el dinero permite medir y comparar el valor de los bienes de manera uniforme. Esto resulta esencial para el funcionamiento eficiente de una economía, ya que facilita la planificación y la toma de decisiones que derivan del cálculo económico y que son clave para el correcto desarrollo de la función empresarial (de ahí que ésta sea la más importante de estas cinco propiedades).
- **Portabilidad:** un buen dinero —o aspirante a dinero— debe ser fácilmente portable para proceder a su uso en el intercambio.
- **Fungibilidad:** es la propiedad que permite que todas las unidades de dinero sean intercambiables y equivalentes entre sí, independientemente de su origen o su historia. Esto significa que una pepita de oro o una unidad de dinero posee el mismo valor y es funcionalmente idéntica a otra unidad del mismo tipo. La fungibilidad es una característica fundamental para que el dinero cumpla su misión.

Si queremos crear un negocio o invertir en uno ya en marcha, lo primero que deberemos hacer es calcular su rentabilidad en forma de yield. Para lograrlo, debemos estimar y medir los flujos de caja generados a futuro: primero los actualizamos al presente (no es lo mismo una renta hoy que dentro de un año) y, después, utilizamos una herramienta que nos permita calcular, de la manera más precisa posible, el valor de esos flujos de caja en términos de otros bienes presentes.

Pensemos en un ejemplo clásico mengeriano de la escuela austriaca de economía: Robinson Crusoe decide sacrificar parte de su tiempo de ocio y dedicarlo a construir un factor de producción (una vara) con el que zarandear un árbol para obtener más cocos (un bien de orden inferior) de los que consigue trepando para arrancarlos uno a uno. El proceso consta de cinco fases:

1. **Estimación del esfuerzo y el tiempo** (es decir, de los costes de producción): Robinson evalúa el esfuerzo y el tiempo necesarios para fabricar un factor de producción, en este caso, una vara para derribar cocos. El análisis incluye:

    - Las horas de trabajo previstas.
    - El sacrificio físico y mental.
    - La renuncia a actividades alternativas (el coste de oportunidad, como recoger cocos directamente con las manos o construir un refugio).

2. **Análisis de la producción:** con la vara, lo más probable es que Robinson logre recoger más frutos que antes en el mismo periodo de tiempo o con menos esfuerzo. El excedente de cocos (es decir, los que no necesitará para su consumo inmediato) le permitirá:

    - Ahorrar (almacenarlos para el futuro).
    - Intercambiarlos con otros actores (si los hay) por bienes o servicios que necesite.

3. **Determinación de la rentabilidad** (*el yield*): para evaluar si el proyecto es rentable, Robinson compara:

    - Los beneficios que obtendrá con la vara (o sea, el extra de cocos y lo que consigue intercambiándolos).
    - El coste de oportunidad y el esfuerzo invertido.
    - La rentabilidad del proyecto depende de que el beneficio neto supere lo que habría obtenido dedicando su tiempo a otras actividades.

4. **Preferencia temporal:** si Robinson valora mucho el consumo inmediato (es decir, si tiene una alta preferencia temporal), puede decidir no invertir en la vara, ya que el

> sacrificio presente le parece demasiado costoso en comparación con los beneficios futuros. Si, por el contrario, tiene una baja preferencia temporal (valora más el futuro), estará dispuesto a soportar el esfuerzo presente para disfrutar de los beneficios a largo plazo.

Como dice mi estimado amigo Manuel Polavieja, «contar es impepinable antes de cualquier intercambio para saber si sales ganando. Esa necesidad de cuantificar es, posiblemente, el origen primario del dinero como unidad de cuenta. Es casi lo único en lo que le llevaría la contraria a Menger».

La unidad de cuenta no sólo es fundamental en cualquier intercambio; también lo es en la evaluación de cualquier proyecto de inversión que se desee desarrollar y que mejore la calidad de vida de la gente, pues permite tomar decisiones acertadas a la hora de —por ejemplo— asignar el tipo de interés más ajustado posible a nuestros cálculos económicos en función de nuestras preferencias, entre las que destacan tener liquidez (en el caso de la alta preferencia temporal) y poner la iniciativa empresarial a funcionar (*asset allocation*).[5]

El dinero como invariante de valor

De entre toda la variedad de definiciones que he encontrado de *dinero* a lo largo de mis años académicos, creo que la que más me gusta y con la que más me identifico es la que proviene de ciertos marcos conceptuales relacionados con la Escuela Austriaca:[6] «El dinero es el invariante de valor». Es decir, el dinero es un están-

5. El *asset allocation* ('asignación de activos') es una estrategia de inversión que consiste en distribuir el capital de un inversor entre diferentes tipos de activos financieros, con el objetivo de equilibrar el riesgo y el rendimiento de acuerdo con su perfil, horizonte temporal y objetivos.

6. Corriente económica que enfatiza el individualismo metodológico, el papel de la acción humana intencionada y la importancia de los procesos de mercado para coordinar recursos. A este respecto, *La acción humana*, de Ludwig von Mises, es una de las obras más completas y trabajadas que existen.

dar o una referencia que permite medir, comparar y expresar el valor de bienes, servicios o activos en términos de otro (igual que hace el centímetro con la longitud, el tiempo con el cambio o los gramos con la masa). Eso sí, para que se dé esta función con garantías de éxito, el valor del dinero debe ser relativamente estable tanto en el espacio como en el tiempo.

Como invariante de valor, el dinero:

1. **Establece precios:** permite cuantificar y expresar el valor de los bienes en términos de una unidad monetaria común (euros, dólares...).
2. **Facilita intercambios:** sirve como medio de intercambio, al eliminar la necesidad de una coincidencia directa de necesidades (como la que debía darse en el trueque).
3. **Permite cálculos económicos:** con el dinero, se pueden comparar costes y beneficios, maximizar utilidades y asignar recursos eficientemente.

Sin embargo, el concepto *invariante* requiere matices, porque, en la práctica, el valor del dinero no es completamente fijo, debido a factores como la inflación, las fluctuaciones de los tipos de cambio y la confianza en la situación económica. Así que la realidad es que:

1. El dinero pierde su carácter invariante cuando está sujeto a manipulaciones monetarias, como expansiones cuantitativas (ocurren, por ejemplo, cuando los bancos centrales compran deuda pública) o políticas fiscales.
2. Algunas teorías económicas buscan un retorno a un invariante más sólido, como el patrón oro, que restrinja la flexibilidad de los gobiernos para emitir dinero.
3. En sistemas modernos de dinero fiduciario, éste es un invariante relativo, ya que su valor depende de la confianza y las decisiones económicas.
4. Las criptomonedas y el *blockchain* buscan ser un invariante más confiable, al eliminar intermediarios como gobiernos y bancos centrales.

En resumen, el dinero se puede entender como un invariante de valor relativo, idealmente diseñado para ser estable, pero influido por factores sociales, económicos y políticos.

Entendiendo el concepto de liquidez

En este punto, primero quiero volver a la historia y las distintas corrientes sobre el origen del dinero. De acuerdo con la teoría monetaria moderna, el dinero no surgió espontáneamente en el mercado, sino que es una creación de las instituciones políticas —sobre todo, de los Estados—, aunque cabe contemplar explicaciones más coherentes con la evolución humana, inseparable de la división del trabajo y del cálculo económico.

Precisamente, del cálculo económico emerge la necesidad de un bien líquido. En una economía en la que los individuos se especializan y dependen unos de otros, comparar valores resulta imprescindible. Para que ese cálculo sea posible, se necesita un activo susceptible de intercambiarse con rapidez y bajo coste y sin una pérdida significativa de valor. Ésa es la definición de *liquidez*: no se trata de una forma de intercambio, sino de una propiedad del activo. Cuanto más líquido es un bien, menor es el quebranto económico que sufre al transformarse en otro.

El dinero es el activo más líquido que existe en los sistemas monetarios contemporáneos, en los que distinguimos, dentro de los activos que se visten como dinero, dos ejemplos claros: el efectivo y los depósitos bancarios a la vista. El primero constituye un pasivo de los bancos centrales, mientras que los segundos son pasivos de las entidades financieras comerciales. Ambos son altamente líquidos porque pueden utilizarse de manera inmediata sin necesidad de procesos intermedios de venta o de conversión.

Pensemos en lo fácil que es hacer una transferencia de un banco a otro para cumplir con una determinada obligación: basta con pulsar un botón del móvil o una tecla del ordenador para que un depósito en, digamos, euros —activo en nuestro balance, pasivo para el banco— pase a convertirse en activo de la contrapartida. O pensemos en la retirada de efectivo en un cajero automático: no estamos creando dinero nuevo, sino transformando un pasivo bancario (el depósito a la vista) en un pasivo del banco central (los billetitos de colores que guardamos en la cartera). En los dos casos, la fricción es mínima y el valor nominal apenas sufre alteraciones, de ahí que el dinero sea el instrumento esencial del cálculo económico y el activo más líquido del sistema.

Las normas contables establecen que los activos se presenten de forma que reflejen su grado de liquidez y, en algunos sistemas, en orden de más a menos líquidos. Este enfoque responde a una lógica económica clara: mostrar la facilidad con la que los recursos pueden convertirse en efectivo, el activo más líquido y universal. Además, el orden por liquidez permite analizar la capacidad de pago a corto plazo, la gestión financiera y el estado general de solvencia de la empresa. Entre los activos más líquidos se encuentran el efectivo, los depósitos bancarios y valores del mercado monetario muy vendibles a la par (sin pérdida en el intercambio o quebranto del valor).

Las características inequívocas que cualquier activo que se precie de líquido debe presentar en mayor o menor medida son las siguientes:

1. ***Vendibilidad* o rapidez de conversión** (transportabilidad en el espacio): un activo es más líquido si puede venderse o intercambiarse rápidamente por dinero. La rapidez de conversión es la velocidad con la que un activo puede transformarse en efectivo sin enfrentarse a barreras significativas en el proceso de venta o intercambio. Esta rapidez depende de varios factores, como la demanda del activo en el mercado, la infraestructura financiera disponible y la naturaleza del bien.
2. **Mínima pérdida de valor:** la liquidez de un activo depende directamente de su *capacidad* para intercambiarse no sólo con cierta celeridad, como hemos visto en el punto anterior, sino sin apenas quebranto del valor. Esta cualidad está íntimamente relacionada con el volumen de operaciones que presenta un activo.

3. **Costes de transacción muy reducidos:** esta cualidad está estrechamente relacionada con el concepto de quebranto de valor. Los activos líquidos suelen tener unos costes de transacción muy bajos, lo que los convierte en fácilmente intercambiables sin pérdida del valor. Por ejemplo, pensemos en la liquidez de una acción de Apple negociada en miles de mercados en todo el mundo frente a la venta de una vivienda. Los costes de transacción de la acción de Apple se limitarán únicamente al mínimo *spread* cobrado por el bróker de una empresa cuyas acciones suponen un volumen de negociación de millones de operaciones diarias. Una vivienda, sin embargo, estará sometida a costes más elevados de transacción, como son los de tasación si se hipoteca, los derivados del asesoramiento legal, los de intermediación inmobiliaria... Son costes de transacción que impactan en un mayor quebranto del valor.
4. **Elevado volumen de transacciones:** los activos más líquidos suelen tener un alto volumen de transacciones diarias. Esto significa que siempre hay compradores y vendedores disponibles, lo que facilita las operaciones.
5. **Profundidad del mercado:** un mercado profundo es aquel que puede absorber una cantidad muy grande en una operación sin alterar significativamente el precio. Por ejemplo, si compramos un alto volumen de acciones de Google, nuestra decisión apenas tendrá impacto en el precio porque se trata de un mercado muy profundo.
6. **Transparencia de precios:** en mercados líquidos, hay una alta transparencia en los precios, lo que significa que los de compra y venta están muy cerca, la diferencia entre ambos es pequeña.
7. **Accesibilidad:** los activos líquidos son generalmente accesibles para un amplio rango de inversores, lo que aumenta la liquidez. Esto incluye a inversores tanto institucionales como minoristas.
8. **Diversidad de participantes:** un mercado con muchos tipos diferentes de participantes (inversores, es-

peculadores, creadores de mercado...) tiende a ser más líquido.

9. **Buena regulación:** los mercados bien regulados tienden a ser más líquidos porque los inversores tienen más confianza en su integridad y su transparencia. Aquí, por supuesto, debemos hacer hincapié en el matiz de «bien regulados», porque no siempre un mercado regulado es líquido ni siempre un mercado no regulado es ilíquido.

Conservación del valor o función depósito valor

Un activo muy líquido no sólo debe ser capaz de presentar una alta vendibilidad en el espacio —esto es, en el intercambio inmediato—, sino que, además, tiene que conservar esta cualidad en el tiempo. Si un activo no produce ningún quebranto del valor en el intercambio en intervalos amplios de tiempo, podemos deducir que es un buen depósito valor porque cumple la función de traficar con valor sin perjuicio del mismo.

La cualidad de depósito valor convierte un activo en registrador de riqueza. El oro lo es. Hablamos de un lugar donde almacenar y mantener nuestro patrimonio en el tiempo sin la preocupación de que alguien pueda manipular el mercado de ese activo con el fin de abaratarlo y empobrecernos. De ahí que tradicionalmente los activos reales hayan cumplido bien esta función, al presentar una inelasticidad de la oferta suficiente para que su cantidad o disponibilidad no sea susceptible de incrementarse significativamente en respuesta a un aumento de la demanda.

Esta propiedad se debe a restricciones naturales, físicas o temporales, que son las razones de que su oferta sea difícilmente alterable; así, el movimiento del precio descansa casi todo en la acción de la demanda, con lo que es difícil (demanda muy inelástica) o imposible (demanda completamente inelástica) que alguien con algún fin arbitrario u objetivo oculto pueda manipular el precio ampliando discrecionalmente la oferta.

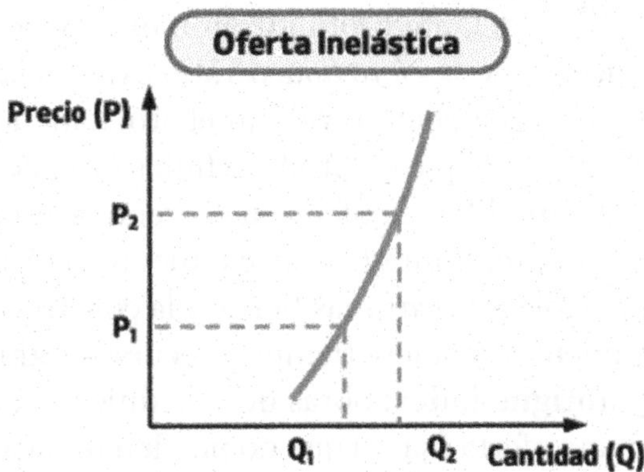

Un activo con oferta completamente inelástica se caracteriza porque su cantidad disponible permanece constante, sin importar las fluctuaciones en el precio. En otras palabras, su oferta es fija y no se ajusta ante cambios en la demanda o en el valor de mercado.

Ésta es una propiedad clara de cualquier activo que presuma de ser refugio, porque el hecho de que la cantidad producida sea difícilmente ajustada a la cantidad demandada es consecuencia directa de que el precio no pueda caer por un incremento en la cantidad ofrecida. Esto último (incrementar la oferta de un activo) es lo que vienen haciendo los bancos centrales con el papel que emiten y, sobre todo, con la moneda fiat[7] (con el consiguiente efecto inflación). Para entender mejor el relevante concepto de inelasticidad te planteo algunos activos inelásticos muy fáciles de identificar:

1. **Oro y metales preciosos:** la cantidad de oro disponible es limitada y depende de la extracción minera, que es un proceso lento y costoso. A pesar de las fluctuaciones en el precio, la producción de oro no puede ajustarse rápidamente debido a las restricciones geológicas y técnicas, los gastos de capital en activos duraderos (*capex*) y los riesgos regula-

7. El concepto *moneda fíat* proviene del latín *fiat*, que significa 'hágase', usado en contextos que implican autoridad o decreto. En el caso de las monedas fíat, hace referencia a que su valor no está respaldado por un bien físico como el oro, sino que se basa en la confianza del gobierno que la emite y en su capacidad para mantener su valor.

torios. Más adelante profundizaremos en esto y en el muy útil concepto de *stock to flow* o 'ratio existencias/flujo' para entender cómo debemos valorar el oro, teniendo en cuenta que es un activo que no produce flujos de caja.

2. **Bienes inmuebles:** la oferta de terrenos y propiedades es, por naturaleza, limitada, especialmente en áreas urbanas. No es posible *fabricar* más tierra, y la construcción de nuevos inmuebles requiere tiempo y recursos significativos.
3. **Arte y antigüedades:** obras de arte únicas y antigüedades tienen una oferta fija, ya que no pueden replicarse ni crecer en número. Su cantidad está determinada históricamente y no depende de las dinámicas de mercado actuales.
4. **Licencias:** licencias de pesca, de construcción, de conducción de taxis y de VTC...
5. **Tiempo:** los activos intangibles también pueden presentar inelasticidad en la oferta; por ejemplo, nuestro tiempo es muy limitado y de carácter económicamente escaso, es decir, valoramos mucho el tiempo que nos queda porque la oferta de éste es siempre la misma y cada unidad de tiempo que consumimos supone incrementar proporcionalmente el *stock to flow* del mismo (mayor cantidad de tiempo consumido en relación con el que nos queda por consumir). El tiempo es un activo irreemplazable y limitado, con un coste de oportunidad bien definido, ya que el que empleamos en realizar una actividad siempre implica un valor en forma de alternativas rechazadas. El tiempo dedicado a correr no se puede invertir en leer, y, si leer era nuestra actividad favorita, el valor de correr es, como mínimo, dejar de leer. Además, por mucho que queramos, la oferta de horas en el día siempre está limitada a veinticuatro. Más adelante veremos la relación de esto con el tipo de interés.
6. **Bitcoin:** su oferta es completamente predecible y conocida: no puede producirse un número mayor de 21 millones de bitcoins, lo que lo convierte en un activo perfectamente inelástico.

Por el contrario, los activos con alta elasticidad en la oferta no suelen comportarse como buenos *traficantes* del valor en el tiempo, puesto que su oferta puede ajustarse a la cantidad demandada sin demasiado esfuerzo, y esto no es un problema hasta que el cálculo económico yerra y la oferta sobrepasa de manera holgada a la demanda, con la consiguiente caída del precio. Un depósito valor por definición mantiene el valor en el tiempo y, por tanto, la oferta suele estar ciertamente blindada ante fluctuaciones de la demanda; de hecho, ésta debe ser como mínimo igual a su oferta en un caso muy elástico y bastante por debajo de su demanda en el caso más inelástico. Sólo así se garantiza que, como mínimo, conserve su valor en el intercambio intertemporal en el caso de cierta elasticidad (con la demanda y la oferta aumentando en la misma proporción) o que suba gradualmente de precio a medida que su demanda se incrementa mientras la oferta permanece fija (inelasticidad).

Por otro lado, y atendiendo al comportamiento de la demanda, un activo que aspire a conservar valor en el tiempo debe presentar una demanda relativamente inelástica, lo que significa que su cantidad demandada no cambia significativamente ante variaciones en su precio. Esta estabilidad suele asociarse a su carácter de bien escaso y socialmente reconocido como punto focal de referencia. Cuando un activo reúne esas características —escasez económica y dificultad de sustitución—, tiende a consolidarse como refugio de valor, precisamente porque no puede ser reemplazado con facilidad por otro equivalente.

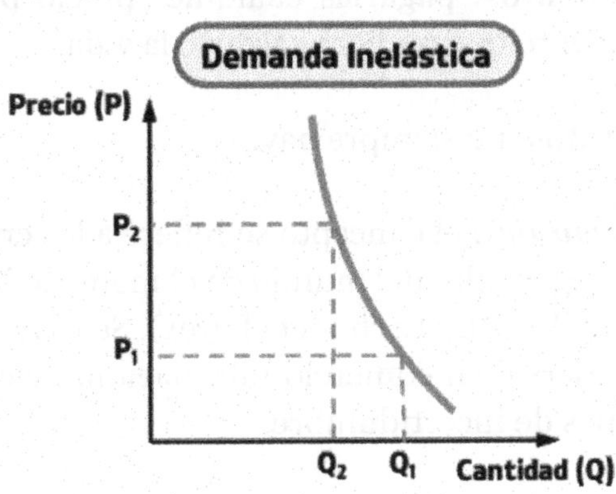

En el gráfico puedes observar que la pendiente de la curva de demanda para activos con demanda inelástica es más vertical en comparación con una curva de demanda elástica. Esto refleja que las modificaciones en el precio generan cambios relativamente pequeños en la cantidad demandada por la dificultad que tiene el mercado de encontrar activos sustitutos. Esto es clave. Por eso el oro, además de presentar una oferta muy inelástica (por la dificultad de producir más a medida que aumenta el precio), su demanda también lo es por los problemas que encuentra el mercado en la búsqueda de otro activo con sus mismas propiedades.

Algunos ejemplos de activos con demanda inelástica son:

- **Petróleo:** el uso del petróleo como fuente de energía es necesario en multitud de productos industriales.
    - **Sustitutos:** las energías renovables son alternativas, pero la transición energética es gradual, lo cual convierte la *commodity* en un activo difícilmente reemplazable en el corto plazo.
- **Agua potable:** es indispensable para la vida y el funcionamiento de la sociedad. La demanda de agua apenas varía con los cambios de precio.
    - **Sustitutos:** el agua potable es insustituible, como el aire.
- **Medicamentos:** pagarías cualquier precio por cualquier medicamento que pudiera salvarte la vida.
    - **Sustitutos:** no siempre hay.
- **Divisas *majors*:** el concepto se refiere a los cruces de divisas más negociadas del mundo en el mercado internacional del sector (Foreing Exchange, Forex). Se usan como monedas de reserva, en comercio internacional y como refugio en tiempos de incertidumbre.

  - **Sustitutos:** son difícilmente sustituibles por divisas de menor comercio o *minors* (como la lira turca, el rand sudafricano, el bat tailandés...).

- **Obras de arte:** trabajos de creadores como Rembrandt y Monet son únicos y demandados por coleccionistas e inversores de alto patrimonio.

  - **Sustitutos:** no existe ningún bien con el mismo valor histórico y cultural.

- **Bonos soberanos:** los bonos emitidos por el Tesoro americano, por ejemplo, son muy demandados en épocas de aversión por el riesgo al margen de su precio. La seguridad que presentan y el hecho de que no son fácilmente sustituibles los convierte en activos con demanda.
- **Oro:** el mercado ha testeado a lo largo de siglos su carácter como refugio y protector frente a la incertidumbre, lo cual convierte su demanda en rígida: el consumidor no va a renunciar al activo, aunque éste varíe de precio, si cubre sus necesidades de aversión por el riesgo.

  - **Sustitutos:** otros activos o metales preciosos (como la plata y el platino) no tienen tanta aceptación o función histórica. Tampoco, pese a su consideración como un refugio, poseen la misma capacidad de cobertura que el oro. Pensemos en una situación de escalada en el conflicto entre Israel e Irán al mismo tiempo que se intensifica el conflicto Rusia-Ucrania; si el mercado empezara a descontar tensiones relacionadas con una posible tercera guerra mundial, entonces es probable que se apreciaran con fuerza el oro y el dólar como activos refugio que tratasen de satisfacer la necesidad de aversión por el riesgo que demandaría parte del mercado. Pero podría pasar que las expectativas de inflación se estuvieran disparando a la par que el conflicto bélico, y esto traería consigo una devaluación del dólar contra el resto de bienes y servicios que motivaría a una parte del mercado a buscar refugio contra esta pérdida del poder adquisitivo. ¿Conoces algún activo que sea capaz de protegerte contra la incertidumbre de la escalada de un conflicto bélico de consecuencias impredecibles y que, al mismo tiempo, te proteja contra un mercado cuyas expectativas de inflación van en aumento? Correcto, el oro cumple y ha cumplido con esa necesidad durante siglos, y eso convierte la pendiente de su demanda en rígida, que significa que los inversores seguirán demandando el metal aunque suba de precio porque no existe alternativa mejor en el mercado; consecuentemente, el coste de oportunidad de no protegerse con el oro es elevadísimo.

A lo largo de este libro, hablaremos del coste de oportunidad[8] como el valor de la alternativa mejor rechazada. No se podría explicar el concepto de *valoración* sin antes entender que el coste de oportunidad nos recuerda que, al elegir una opción, sacrificamos el valor de la mejor alternativa no elegida.

Activos de baja liquidez

Antes hemos descrito los activos de alta liquidez como aquellos que son fácilmente vendibles o intercambiables sin quebranto de su valor —con la consiguiente minimización de los costes de transacción asociados— y hemos hablado del dinero como el activo que mejor cumple esta característica. De la misma manera, podemos decir que un activo es poco líquido cuando no resulta fácilmente intercambiable y, en el proceso, debes ajustar el precio a la baja para acelerar su vendibilidad. Por tanto, es bastante probable que, en el intercambio, se produzca un quebranto del valor. Es decir, todos los activos que presentan altos costes de

8. David Ricardo ya introdujo este término de forma amplia en su teoría de la ventaja comparativa, al desarrollar que los países deben especializarse en producir aquellos bienes y servicios en los que menor coste de oportunidad incurran, con el fin de ser competitivos.

intermediación, transacción o transporte en el proceso de intercambio o vendibilidad son poco líquidos, pues tenemos que ir rebajando su precio para colocarlos con un quebranto del valor más o menos considerable.

Así, cualquier activo que presente altos costes de intermediación es susceptible de ser ilíquido. Ocurre, como ya hemos visto, con gastos elevados como los derivados de notaría, registro, gestoría e intermediación inmobiliaria e impuestos. También sucede con las obras de arte, que implican tasadores especializados, transporte, custodia o comisiones por subastas; activos industriales como la maquinaria especializada, con altos costes de transporte y depreciación; recursos naturales (bosques o tierras agrícolas) y propiedades intelectuales (patentes o marcas), que exigen procesos legales y valoraciones complejas. Además, los vehículos de lujo, los hoteles, los centros comerciales y los edificios en general tienen un mercado muy reducido y específico, aparte de los pertinentes costes asociados a la intermediación, que dificultan su vendibilidad y, por consiguiente, su conversión rápida en efectivo.

En los mercados financieros, esta rapidez está relacionada con la profundidad y el volumen del mercado. Las acciones de compañías de alta capitalización (*blue chips*) suelen ser las más negociadas, y, precisamente por ese elevado volumen, presentan una mayor liquidez, lo que permite encontrar contraparte con facilidad y operar con spreads reducidos. Además, sólo por el hecho de ser empresas de gran capitalización, son candidatas a formar parte de los principales índices mundiales, lo cual las convierte en muy visibles y accesibles en las diversas plataformas de negociación que actúan como intermediarias.

Al hablar de intercambio, es imprescindible introducir el concepto de *diferencial* o *spread* (literalmente, 'diferencia' o 'amplitud'). El spread es un concepto al que a menudo no se le da la importancia suficiente que tiene en los mercados, pero resulta crucial para entender cómo de líquido es un activo. De hecho, es el mejor indicador de liquidez visible que existe.

El concepto de spread fue desarrollado por el padre de la Escuela Austriaca, Carl Menger, en su libro *Principios de economía política* (donde habla de la teoría del valor subjetivo, el origen del dinero y la formación de precios a partir de acciones individuales). En su etapa como analista de mercados y periodista financiero, Menger profundizó en el concepto de *liquidez* y se dio cuenta de que en los mercados existían dos tipos de precios: el precio del vendedor (*bid*) y el del comprador (*ask*). La diferencia entre uno y otro es el spread —o comisión del intermediario—, que representa el coste implícito de realizar una transacción. Mercados líquidos suelen tener spreads reducidos, mientras que mercados menos líquidos presentan spreads amplios.

Para entender mejor el concepto de *bid* y *ask*, supón que quieres vender tu vehículo de segunda mano a un concesionario. El concesionario te comprará el vehículo a un precio más bajo (*bid*) que el que fijará cuando lo ponga a la venta (*ask*); el diferencial —o spread— será la comisión —o beneficio del intermediario—. Cuanto más líquido es el bien, mayor número de compradores o contrapartidas hay, lo que provoca que el activo sea más fácilmente colocable y, por tanto, presente un menor riesgo para el intermediario de no ser vendido. En este caso, un spread bajo es sinónimo también de bajo riesgo de iliquidez o quebranto de valor.

Si recurrimos a los mercados financieros e indagamos en cuáles son los activos más líquidos, encontraremos que los principales cruces de divisas del mercado Forex son los que presentan menores spreads y, por tanto, mayor liquidez. Es el caso del cruce de euros por dólares, con millones de actores que convierten su diferencial o spread en minúsculo. Es decir, la comisión de compraventa del intermediario o bróker es marginal, y el riesgo de contraparte, casi inexistente. Otros pares cuya liquidez es elevada y, en consecuencia, presentan spreads muy reducidos son los de libra esterlina-dólar y dólar-yen.

En general, el oro es un activo bastante líquido porque cumple bien con las características anteriormente descritas. Sin embargo, su grado de liquidez depende tanto del ciclo económico al que nos enfrentamos como del estado en el que se presenta, es decir, de si se trata de oro físico o de oro financiero (esto lo veremos en capítulos posteriores, pero es un buen momento para esbozarlo). Las etapas del ciclo económico con respecto al oro —considerando el nivel de impaciencia por la liquidez— son la expansión, el auge, la recesión, la depresión y la recuperación. Conocer cada una de ellas en profundidad nos dará una ventaja competitiva incalculable contra el mercado porque nos permitirá anticipar movimientos que impactarán en la rentabilidad de nuestro portfolio. Pero, como hemos comentado en varias ocasiones, la liquidez del oro —y, por tanto, el tamaño de su spread o diferencial— depende, fundamentalmente, de la manera en la que se negocia.

Tabla 1.1.

CARACTERÍSTICAS

Oro financiero (más líquido)	**Oro físico (menos líquido)**
Facilidad de acceso: el oro financiero (fondos cotizados en bolsa —ETF—, contratosW de futuros, certificados de oro) puede comprarse y venderse a golpe de clic de ratón en mercados financieros globales. No hay necesidad de almacenarlo, transportarlo o custodiarlo.	**Mayor dificultad de acceso:** comprar oro físico requiere encontrar un intermediario fiable. Por otro lado, venderlo requiere transportarlo a un comprador o a una casa de cambio, lo que añade tiempo y costes.
Menores *spreads* debido al mayor volumen: al haber bastante más volumen, la liquidez es mayor y, por tanto, los intermediarios no tienen necesidad de ensanchar los spreads por bajo riesgo de encontrar una contrapartida (al precio adecuado) a la que vender.	**Evaluación y autentificación:** antes de la venta, el oro físico (monedas, barras, joyas) puede necesitar un análisis para que se verifiquen su pureza y su autenticidad, lo que ralentiza el proceso.
Divisibilidad: es bastante más fácil comprar o vender pequeñas fracciones de oro financiero, ya que se puede clasificar en lotes, minilotes o microlotes.	**Costes de almacenamiento:** poseer oro físico implica costes adicionales para mantenerlo seguro (cajas fuertes, seguros).
Disponibilidad inmediata: las transacciones de oro financiero se realizan de forma electrónica, lo cual da como resultado el inmediato intercambio sin incurrir en tiempos de espera como el transporte y la certificación.	**Mercado local:** la facilidad de venta depende de la ubicación geográfica y de la disponibilidad de compradores en mercados locales.
	Mayores *spreads* debido a su menor liquidez.
	Menor divisibilidad.

Como hemos visto, el oro financiero es más líquido porque puede negociarse de manera inmediata, con costes más bajos de transacción y sin la necesidad de manejo físico. El oro físico, aunque también es líquido, conlleva costes de transferencia, como la verificación de que la pieza es verdadera, la tasación y el transporte, lo que lo hace menos adecuado para transacciones rápidas o frecuentes. Sin embargo, el oro físico tiene la ventaja de no ser pasivo de nadie y, por tanto, no se valora por la capacidad que un tercero tiene para cumplir con su promesa de entrega física en el futuro, pues no hay entrega a futuro.

El spread entre el oro físico y el oro financiero puede variar significativamente en función de varios factores, como la liquidez del mercado, los costes de almacenamiento y las comisiones asociadas. Vamos con algunos ejemplos reales.

Tabla 1.2.

1. SPREAD EN LA COMPRAVENTA DE ORO FÍSICO (LINGOTES Y MONEDAS)

El oro físico puedes adquirirlo en tiendas a pie de calle o a través de plataformas online. Es la forma más cara de comprar oro y, por tanto, su spread es el más amplio que existe. Éste, además, suele variar mucho de un intermediario a otro, hasta el punto de alcanzar diferenciales que van del 3 al 10 por ciento. Las monedas pueden tener un *spread* mayor por ser de carácter coleccionable y, consecuentemente, más raras y demandadas.
Veámoslo con un caso práctico:

- Precio *spot* (es decir, al contado) del oro → 2.650 dólares por onza.
- *Ask:* precio de venta de un lingote de 1 onza → 2.700 dólares por onza.
- *Bid:* precio de recompra por el distribuidor → 2.600 dólares por onza.
- *Spread:* diferencia entre precio pedido *(ask)* y precio ofertado (bid) → 2.700-2.600 = 100 dólares, o un diferencial del 3,8 por ciento.

2. ETF DE ORO

Este caso práctico es para para un ETF como el SPDR Gold Shares (su código de cotización en bolsa —o ticker— es GLD) durante un día de alta liquidez.

- Precio de venta *(ask)* → 1.901 dólares por onza.
- Precio de compra *(bid)* → 1.900 dólares por onza.
- *Spread* → 1.901 - 1.900 = 1 dólar, que es un *spread* de aproximadamente el 0,05 por ciento.

Relación entre liquidez y rentabilidad

La relación entre liquidez y rentabilidad es de tipo inverso, es decir, presentan una correlación negativa del tipo *sube uno, baja el otro*. La explicación es intuitiva: si un activo es más fácilmente vendible y, por tanto, convertible a efectivo, entonces presenta mayor seguridad. El ser humano tiende a exigir mayor rentabilidad a aquello que presenta más riesgo como coste de oportunidad de no elegir una alternativa más segura.

Los activos líquidos, como el efectivo, ofrecen seguridad y disponibilidad inmediata, pero suelen tener bajos rendimientos. Por otro lado, los activos menos líquidos, como inversiones a largo plazo o bienes raíces, suelen ser más rentables, pero presentan mayor dificultad para convertirse en efectivo rápidamente.

El oro es una de las inversiones más líquidas disponibles, lo que significa que puede convertirse rápida y fácilmente en efectivo cuando lo necesites. Sin embargo, como ya hemos visto, su liquidez depende de la forma en que se negocia y de si se trata de oro físico o financiero.

Tabla 1.3. Liquidez de los activos

Tipo de activo	Nivel de liquidez	Ejemplo
Efectivo	Más líquido	Billetes, monedas
Depósitos bancarios	Muy líquido	Cuentas de ahorro, corrientes
Acciones y bonos	Altamente líquido	Acciones, bonos gubernamentales
Oro (ETF, futuros)	Altamente líquido	ETF de oro, contratos futuros
Oro físico	Líquido, pero puede llevar más tiempo vender	Lingotes, monedas de oro
Propiedad inmobiliaria	Menos líquido	Casas, propiedades comerciales
Coleccionables	Menos líquido	Antigüedades, sellos poco comunes

En contabilidad, la clasificación del oro como activo líquido depende del propósito de la entidad que lo posee. Para las empresas, el oro destinado a la venta —como en el caso de las joyerías— se considera un activo corriente[9] y, por lo tanto, líquido. En cambio, si se mantiene como inversión a largo plazo o como reserva, se clasifica como un activo no corriente, lo que reduce su liquidez desde una perspectiva contable. Es importante que el lector sepa que, en contabilidad, en el balance de cualquier empresa, los activos se ordenan de mayor a menor liquidez, lo que significa que el activo corriente (activos que vencen en menos de un año) se contabilizan antes que el activo no corriente o activos con periodos de vencimiento mayores a un año.

Para los bancos centrales, el oro suele tratarse como un activo monetario, aunque su tratamiento contable varía según el marco normativo aplicable, tal como señala el World Gold Council (una organización de desarrollo de mercado que representa a la industria del oro y cuyo objetivo es estimular la demanda y desarrollar estándares para la inversión y la contabilidad del mencionado activo. Trabaja con gobiernos, inversores y bancos centrales). No obstante, esto no afecta su alta liquidez en los mercados financieros.

En resumen, la liquidez es un concepto clave para la estabilidad financiera de personas, empresas y mercados. Garantizar un nivel adecuado es esencial de cara a gestionar riesgos y aprovechar oportunidades económicas.

9. Activos corrientes son aquellos que una empresa espera convertir en efectivo o consumir dentro de un año o de su ciclo operativo normal (lo que sea más largo); aquí se incluyen el efectivo, las cuentas por cobrar, el inventario y otros activos a corto plazo. Son esenciales para la liquidez y su gestión resulta clave para la salud financiera de una empresa.

Tabla 1.4. Importancia de la liquidez

En la gestión financiera personal	En las empresas	En los mercados financieros
Es esencial para cubrir gastos imprevistos y emergencias. Tener una parte de los activos en forma líquida garantiza que se pueda responder rápidamente a necesidades económicas.	Refleja su capacidad para cumplir con sus obligaciones a corto plazo, como el pago a proveedores y de salarios y deudas. La falta de liquidez puede llevar a problemas operativos, incluso si la empresa es rentable en el largo plazo. Esto es lo que se denomina fondo de maniobra o working capital negativo, que se da cuando el valor de los pasivos corrientes supera el valor de los activos corrientes, con lo que podrías tener que financiar tus compromisos cortoplacistas con activo no corriente a más largo plazo, lo cual constituye un claro problema de liquidez por parte de la empresa.	Permite que los activos se compren o vendan rápidamente sin causar grandes fluctuaciones en el precio. Los mercados más líquidos, como el de divisas, tienen menores costes de transacción y mayor estabilidad.

El economista José Ignacio del Castillo, director de formación del Instituto Juan de Mariana y uno de los mejores profesores y estudiosos del ciclo económico que existen en el mundo, ha abordado el concepto de liquidez en diversos análisis económicos (no te pierdas su brillante vídeo en el canal de YouTube Lunaticoin «Liquidez, dinero, banca y Bitcoin»[10]). Según su perspectiva, ésta hace referencia a la estabilidad de la utilidad marginal de un bien ante variaciones en su cantidad disponible. En otras palabras, un bien es más líquido si su utilidad marginal permanece constante o decrece lentamente cuando aumenta su cantidad.

10. <www.youtube.com/watch?v=3LGSxkeQak0>.

Del Castillo ilustra este concepto comparando diferentes bienes. Por ejemplo, señala que la utilidad marginal de un libro en sánscrito disminuye rápidamente a medida que se incrementa su cantidad, ya que satisface fines muy específicos para un grupo reducido de personas. En contraste, bienes como la ropa y la comida tienen una utilidad marginal más estable, pues satisfacen necesidades más amplias y generales.

Esta interpretación de la liquidez enfatiza la importancia de la capacidad de un bien para mantener su valor y su utilidad en el tiempo, especialmente en contextos económicos donde la estabilidad y la previsibilidad son cruciales.

Como cualquier activo real o financiero, el oro está sometido a las variaciones y perturbaciones del ciclo económico y, por tanto, su liquidez y su vendibilidad serán más o menos sencillas en función de la etapa del ciclo económico en el que nos encontremos. Es decir, el oro, como cualquier activo, está sometido a un coste de oportunidad que puede ser más o menos grande dependiendo del contexto.

En el Capítulo 3 abordaremos en profundidad los ciclos económicos, cómo los mercados los anticipan y el comportamiento del oro en cada parte del ciclo.

2

El patrón oro

Incluso en los momentos en los que escribo este libro, muchos siguen debatiendo sobre la conveniencia de volver a instaurar un sistema monetario basado en la fijación del valor de los pasivos financieros que se emiten en función de las reservas bancarias que se tienen de oro. Es decir: pasivos financieros respaldados por activos reales.

Un activo financiero, en esencia, otorga un derecho contractual que puede materializarse en la entrega de un activo real (o de su equivalente en dinero) si el deudor cumple. Es importante recordar que, siempre que un individuo tenga un derecho sobre algo, existirá una obligación en sentido contrario. De ahí la distinción entre activo financiero y activo real.

Los activos reales, como bienes físicos (oro, una casa, una máquina) o intangibles (Bitcoin), son aquellos que tienen utilidad intrínseca y no son el pasivo de nadie. Por otro lado, los activos financieros son derechos de crédito sobre un deudor, es decir, obligaciones que alguien (el emisor) tiene hacia el poseedor del activo financiero (como un bono, una acción o un depósito bancario). En este sentido, los activos financieros no tienen valor por sí mismos, sino que su valor depende de la capacidad del deudor para cumplir con la obligación prometida, que a menudo implica entregar algo de valor, como dinero o bienes.

Los activos financieros (como billetes o depósitos) daban un derecho explícito a ser convertidos en oro (un activo real) debido a la convertibilidad garantizada. Por ejemplo, durante el patrón oro clásico, un billete de banco era un título que podías canjear por una cantidad fija de oro. Sin embargo, tras el abandono del patrón oro y el paso a las monedas fiduciarias, ese *derecho* se transformó en una promesa más abstracta: los activos financieros (dinero en cuentas bancarias, por ejemplo) son convertibles en otros bienes o servicios, pero no en un activo real específico como el oro, sino en lo que el mercado acepte como medio de cambio. Se llama moneda fíat a todo pasivo emitido por el banco central que no es convertible directamente. Como hemos señalado antes, un pasivo es una obligación contractual del emisor que da derecho a *algo* a su tenedor.

Como bien señala Juan Ramón Rallo en su libro *Contra la teoría monetaria moderna,*[11] la moneda fíat puede entenderse, según esta perspectiva, como un crédito fiscal. Esto se debe a que permite al Estado —su emisor— adelantar el cobro de impuestos, al introducir dicha moneda entre los ciudadanos, con el fin de que la utilicen posteriormente para saldar sus obligaciones tributarias. Veámoslo con un ejemplo.

Tabla 2.1.

LA TEORÍA MONETARIA MODERNA

- El Estado imprime 100 euros y paga a un proveedor.
- El proveedor usará esos 100 euros en la economía.
- En algún momento, el Estado cobrará impuestos que sumarán un valor de 100 euros a otras personas o empresas.
- El ciclo se cierra: el Estado *recupera* los 100 euros que ha anticipado.

Una vez entendido y definido el funcionamiento de la moneda fíat convencional, podemos hacer un repaso a la historia

11. Recomiendo su lectura si se quiere entender desde un punto de vista contable el funcionamiento de la moneda fíat. El autor derriba la falsa teoría que postula que un Estado puede endeudarse cuanto quiera por ser monopolista de su propia moneda.

para comprender por qué muchos reclaman la vuelta a un patrón cuya moneda fiat esté respaldada por el oro. El origen, la evolución y el eventual abandono de este sistema clásico reflejan cambios que siempre han sido trascendentales en las economías nacionales, las relaciones internacionales y las teorías económicas.

Orígenes y evolución del patrón oro

El patrón oro tiene sus raíces en el uso histórico de los metales preciosos —particularmente, el oro y la plata— como medios de intercambio y almacenes de valor. Ya en la antigüedad, las civilizaciones utilizaban monedas de oro debido a su escasez, durabilidad y aceptación universal. Sin embargo, el patrón oro como sistema monetario formal comenzó a tomar forma en los siglos XVII y XVIII, cuando las economías modernas empezaron a estructurarse en torno a monedas respaldadas por metales preciosos.

En Europa, el uso de monedas de oro y plata coexistió bajo el *bimetalismo*, un sistema en el que ambas se usaban como base monetaria. Algunas de las características de este sistema eran:

1. **La existencia de dos metales monetarios:** tanto el oro como la plata tenían un valor oficial determinado por el Gobierno y podían ser utilizados para el pago de bienes y servicios.
2. **Una tasa de conversión fija:** Se establecía una relación fija de conversión entre los dos metales, de manera que una moneda de oro equivalía a quince de plata. Era, por tanto, una relación 1:15.
3. **La libre acuñación:** los ciudadanos podían llevar tanto oro como plata a la ceca (la casa de la moneda) para convertirlos en monedas con un valor legal.
4. **La intercambiabilidad:** las dos monedas circulaban y se aceptaban en las transacciones económicas, con lo que se promovía una mayor oferta monetaria.

El *bimetalismo* se utilizó en varias economías hasta finales del siglo XIX. Sin embargo, cuando las naciones adoptaron el patrón oro, se pasó a un sistema de moneda fiduciaria respaldada en oro donde sólo éste respaldaba la emisión monetaria y el valor del dinero, en el que la plata fue desplazada progresivamente y asumió un papel secundario en las transacciones, y donde se buscaba una mayor estabilidad y confianza en la moneda, pues el oro tenía menor volatilidad en comparación con la plata.

La razón fundamental por la que se evolucionó hacia un sistema en el que sólo existía el oro queda recogida en la denominada ley de Gresham. La Ley de Gresham, nombrada en honor al financiero inglés Thomas Gresham, describe cómo, en un sistema *bimetálico*, si el valor oficial de los metales (la tasa de cambio fijada por el Estado) no coincide con su valor de mercado, el metal sobrevalorado tiende a circular como moneda, mientras que el metal infravalorado es atesorado o exportado. La idea es que los agentes tienden a deshacerse más rápido de la moneda que lo empobrece porque el mercado la sobrevalora y atesora la más infravalorada por el mercado por constituir un mejor depósito valor. Al final, la moneda infravalorada y que actúa como activo refugio (oro) es desplazada por aquella que actúa como medio de intercambio generalmente aceptado (plata). O, como suele decirse, el dinero malo desplaza al bueno.

En Inglaterra, durante el siglo XVII, el *bimetalismo* se enfrentó a este problema. El Gobierno fijó una tasa entre el oro y la plata (de alrededor de 15:1), pero los valores reales fluctuaban. Con el aumento de la plata tras los descubrimientos en América, ésta se volvió más barata en el mercado. Como resultado, las monedas de plata (dinero *malo*) inundaron la economía, mientras que las de oro (dinero *bueno*) eran atesoradas, fundidas o exportadas a lugares donde valían más.

Harta de estos inconvenientes, Inglaterra ajustó su rumbo. En 1717, Isaac Newton, quien era maestro de la Casa de la Moneda, revaluó la guinea de oro y, en 1816, la Ley de la Moneda oficializó el patrón oro y eliminó la plata como estándar.

Otros países, al ver la estabilidad que ofrecía el oro frente a las fallas del *bimetalismo* expuestas por la ley de Gresham, siguieron este ejemplo. Así, el patrón emergió como una solución práctica a un sistema insostenible.

Primera etapa. El patrón oro clásico (siglo XIX-1914)

El patrón oro clásico se consolidó en el siglo XIX, especialmente tras la Revolución Industrial y el auge del comercio internacional. Gran Bretaña fue pionera, al adoptarlo formalmente en 1821, cuando el Banco de Inglaterra vinculó la libra esterlina a una cantidad fija de oro. Este sistema implicaba:

- **Definición monetaria,** ya que cada unidad de moneda (como la libra) equivalía a una cantidad específica de oro.
- **Convertibilidad,** puesto que los ciudadanos podían cambiar billetes por oro en cualquier momento.
- **Libre comercio de oro,** al no haber restricciones para importar o exportarlo, lo que permitía ajustes automáticos en las balanzas de pagos.

El éxito británico incentivó a otros países a adoptar el patrón oro. Entre 1870 y 1880, naciones como Alemania (1871), Francia (de manera gradual a lo largo de la década) y Estados Unidos (1879) se unieron a este sistema, lo que marcó el inicio de una era de estabilidad monetaria global conocida como el *patrón oro internacional.*

El patrón oro clásico operaba bajo un mecanismo de ajuste automático basado en la teoría del flujo de especies, de David Hume. Si un país tenía un déficit comercial (es decir, si importaba más bienes y servicios de los que exportaba en un periodo determinado), el oro salía hacia el exterior, reduciendo la oferta monetaria interna, lo que bajaba los precios y hacía sus bienes más competitivos. Este equilibrio automático promovió la estabilidad en los tipos de cambio, la confianza en las monedas y el crecimiento del comercio internacional.

Sin embargo, el sistema no estaba exento de problemas: dependía de la oferta de oro, que era limitada y estaba sujeta a descubrimientos fortuitos, lo que desató fiebres del oro. Éstas eran movimientos masivos de personas hacia regiones donde se descubría oro, con la esperanza de riqueza rápida. En California (1848) y Australia (1851), estos eventos atrajeron a miles de migrantes —mineros, aventureros y familias—, que buscaban fortuna extrayendo oro de ríos y minas. Aunque pocos se enriquecieron, las fiebres transformaron economías, poblaciones y territorios y dejaron un impacto duradero. Este contexto restringía la capacidad de los gobiernos para emitir dinero en tiempos de crisis, lo que podía agravar recesiones.

Esta etapa terminó con el estallido de la Primera Guerra Mundial, en 1914: los países beligerantes suspendieron la convertibilidad para financiar el esfuerzo bélico mediante la emisión de dinero fiduciario. La inflación en Alemania después del conflicto alcanzó niveles extremos y culminó en la hiperinflación de 1923.

Este periodo tan nefasto para Alemania es conocido como la famosa hiperinflación de Weimar. La siguiente tabla con la evolución de la conversión de 1 marco a dólares en las distintas fases de la etapa inflacionaria le será de mucha ayuda al lector para hacerse una idea más clara de lo que ocurrió.

Tabla 2.2.

FECHA	A CUÁNTOS MARCOS EQUIVALÍA UN DÓLAR
1914	4,2
1921	75
Enero de 1923	17.000
Julio de 1923	353.000
Septiembre de 1923	98.000.000
Noviembre de 1923	4,2 billones

En noviembre de 1923, la cifra era tan astronómica que podríamos decir que valía más el papel en el que se imprimía el marco que lo que podía adquirirse con él, que era prácticamente nada. Ese año se dieron los peores momentos de la hiperinflación: los precios se duplicaban cada tres horas, aproximadamente, y era necesario pagar más de dos salarios diarios por la depreciación acelerada del poder adquisitivo.

Segunda etapa. El patrón oro de entreguerras (1918-1930)

Tras la Primera Guerra Mundial, los países intentaron restaurar el patrón oro, pero las condiciones económicas habían cambiado drásticamente. Esta etapa, conocida como Gold Exchange Standard, se caracterizó por:

- Una menor dependencia del oro físico: los países mantenían reservas en oro o en monedas convertibles en oro (como la libra o el dólar).
- Menor convertibilidad directa: sólo los bancos centrales podían intercambiar monedas por oro, no los ciudadanos.
- Reconstrucción fallida.

El Reino Unido retornó al patrón oro en 1925, pero esta decisión resultó desastrosa. La libra estaba sobrevalorada, lo que debilitó las exportaciones y generó desempleo. Estados Unidos, por su parte, acumuló grandes reservas de oro, pero su política monetaria restrictiva exacerbó las tensiones económicas globales.

La Gran Depresión (1929-1933) marcó el colapso definitivo de esta versión del patrón oro. En 1931, el Reino Unido abandonó el sistema, seguida por otros países. Estados Unidos lo hizo en 1933, cuando el presidente Franklin D. Roosevelt suspendió la convertibilidad y devaluó el dólar para estimular la economía. ¿A qué se debió este fracaso? Las deudas de guerra y las reparaciones impuestas a Alemania desestabilizaron las economías. La rigidez del patrón oro impidió a los gobiernos responder con políticas expansivas a la crisis. La desconfianza en las monedas y los bancos centrales llevó a pánicos bancarios y al acaparamiento de oro.

Tercera etapa. El patrón oro en el sistema de Bretton Woods (1944-1971)

Tras la Segunda Guerra Mundial, el patrón oro resurgió bajo una forma híbrida en el marco de los Acuerdos de Bretton Woods (1944). Este sistema buscaba combinar estabilidad monetaria y flexibilidad económica: el dólar estadounidense se convirtió en la moneda de reserva mundial, vinculada al oro a un valor fijo de 35 dólares por onza. Este sistema otorgó a Estados Unidos el poder de convertir su moneda en referencia mundial, lo que consolidó su hegemonía económica.

Otras monedas estaban vinculadas al dólar mediante tipos de cambio fijos, con márgenes de fluctuación del 1 por ciento. Sólo el dólar era directamente convertible en oro, y únicamente para transacciones entre bancos centrales.

Durante las décadas de 1950 y 1960, Bretton Woods facilitó la reconstrucción de Europa y Japón, promovió el comercio internacional y mantuvo la estabilidad económica. Sin embargo, el sistema dependía de la fortaleza de la economía estadounidense y de su capacidad para mantener suficientes reservas de oro.

A finales de los años sesenta, las tensiones emergieron: el déficit comercial de EE. UU., agravado por la guerra de Vietnam y el gasto social, generó una salida masiva de oro. Al mismo tiempo, países como Francia (bajo el mandato de Charles de Gaulle) se dispusieron a exigir oro a cambio de dólares, lo que erosionó las reservas estadounidenses.

La inflación y la especulación contra el dólar debilitaron la confianza en el sistema. En agosto de 1971, el presidente Richard Nixon puso fin a la convertibilidad del dólar en oro. Este evento, conocido como el *Nixon shock*, marcó el inicio de la era de las monedas fiduciarias.

Cuarta etapa. El abandono del patrón oro (1971-presente)

Desde 1971, el mundo ha operado bajo un sistema de monedas fiduciarias, en el que el valor del dinero depende de la confianza en los gobiernos y los bancos centrales, no en un respaldo metálico. Los tipos de cambio flotantes reemplazaron los tipos fijos; así, permitieron una mayor flexibilidad, pero, también, una mayor volatilidad.

Este cambio ha tenido —y tiene— consecuencias:

1. **Flexibilidad monetaria:** los bancos centrales pueden ajustar la oferta monetaria para afrontar crisis, como hicieron tras la de 2008.
2. **Inflación:** sin la disciplina del oro, algunos países han experimentado inflación alta o hiperinflación (por ejemplo, Zimbabue).
3. **Auge financiero:** la desvinculación del oro permitió la expansión del crédito y de los mercados financieros globales.

Aunque el patrón oro ha sido abandonado, sigue siendo objeto de discusión. Algunos economistas libertarios (como los seguidores de la Escuela Austriaca) abogan por su retorno; argumentan que limitaría la inflación y el endeudamiento excesivo. Sin embargo, la mayoría de los expertos consideran que su rigidez es incompatible con las economías modernas, que requieren políticas monetarias activas.

Muchos de los liberales con los que he debatido sobre el sistema de moneda fiduciaria versus el patrón oro aducen con cierta razón que seguiremos inmersos en un sistema de ciclos económicos más o menos fiduciarios mientras la moneda no quede respaldada por oro, de manera que la inflación seguirá siendo el opaco recurso del Estado para expoliar tu patrimonio.

Pero mi contestación siempre es la misma ante el que considero un débil argumento puesto en jaque tan sólo tirando de libros de historia. En un sistema de patrón oro también puedes expandir la oferta monetaria y generar inflación, como ocurrió con la Orden Ejecutiva 6201. Esta orden, firmada en abril de 1933, obligaba a todos los ciudadanos, empresas y bancos de EE. UU. a entregar sus reservas de oro (monedas, lingotes y certificados) a la Reserva Federal a cambio de 20,67 dólares por onza, que era el precio oficial en aquel momento. La posesión de oro por parte de particulares quedó así limitada a pequeñas cantidades para uso personal, ya fuera en forma de joyas u objetos decorativos.

Las primeras consecuencias de la operación no tardaron en aparecer. Tras la confiscación, el Gobierno devaluó el dólar al elevar el precio del oro de 20,67 a 35 dólares por onza en 1934. Esto implicó una pérdida inmediata de poder adquisitivo para quienes habían entregado su oro y permitió al Gobierno expandir la base monetaria sin la limitación de las reservas metálicas. Aquello fue, *de facto*, una expropiación forzosa del ahorro en oro y una de las mayores suspensiones de pagos encubiertas de la historia. La medida rompió el vínculo directo entre el dólar y el oro, lo que allanó el camino hacia el dinero fiduciario puro, que se consolidó con Nixon en 1971.

Es importante entender que, al igual que lo que está sucediendo hoy en la economía moderna del sistema fiduciario, el oro no subió por desequilibrios entre su oferta y su demanda, sino por la devaluación automática del dólar tras la confiscación del patrimonio de las familias americanas. El hecho de robar tu patrimonio en onzas de oro a 20 dólares la onza y revaluarlo a 35 dólares ampliaba las existencias del oro en manos del Estado, y eso permitía expandir la oferta de dólares a razón de 35 dólares la onza, lo que suponía automáticamente un impuesto oculto del 40 por ciento a todos los tenedores de dólares de la economía americana. Por tanto, no fue un aumento espontáneo del valor del oro, sino una devaluación deliberada del dólar. Es decir, el Gobierno se enriqueció a costa de robarles a los ciudadanos su patrimonio, que es más o menos lo que sucede ahora, pero de una manera más sigilosa.

¿Y por qué llevó a cabo esta medida el Gobierno estadounidense? Entre los motivos con los que la justificaron se encontraba:

- **Aumentar el valor contable de las reservas de oro del Estado.**
- **Imprimir más dólares sin aumentar las reservas:** con un dólar más barato respecto al oro, el Gobierno podía emitir más dinero respaldado por la misma cantidad de oro y expandir así la oferta monetaria.
- **Fomentar la inflación controlada y reactivar la economía:** en un contexto deflacionario como el de la Gran Depresión, se buscaba subir precios para incentivar el consumo y evitar el colapso del crédito.

Los claros perdedores de esta operación fueron los ciudadanos medios, quienes entregaron su oro a 20,67 dólares y vieron con impotencia a cómo, al poco tiempo, valía 35 dólares. Como consecuencia, era necesaria una mayor cantidad de dólares para adquirir una onza de oro, lo cual melló el poder adquisitivo, erosionó el ahorro privado y generó inflación. Aquella orden supuso un paso importante hacia el abandono del patrón oro clásico.

A estas alturas de capítulo, el lector ya habrá percibido que, en un sistema de patrón oro, los Estados pueden seguir generando inflación. Una pregunta recurrente que me plantean es si prefiero un sistema fiduciario como el actual o un patrón oro. Mi respuesta siempre es la misma: en el fondo, no hay diferencia, más allá del modo en que los Estados te van a robar. En un sistema de moneda fiduciaria, el robo es más sofisticado y se produce de una manera más silenciosa y oculta. En un sistema de patrón oro, para generar inflación debes confiscar directamente el oro a las familias y revaluarlo a precios más altos que justifiquen el inmediato robo en forma de impuesto.

Por tanto, desde mi perspectiva, la diferencia esencial entre un sistema y otro es si el robo (inflación deliberada) se produce de forma implícita (sistema monetario fiduciario) o de manera explícita (sistema de patrón oro). Obviamente, robar el dinero a las familias a través de un sistema de moneda fiat es más sigiloso y sofisticado que entrar directamente en las casas con una pistola y robarlo. Eso, señores, tiene un coste político muy alto, y, salvo que se trate explícitamente de una dictadura, justificarlo y venderlo de cara al ciudadano resulta muy complicado.

Ventajas y desventajas del patrón oro

El patrón oro presentaba los siguientes pros:

1. **Estabilidad de precios a largo plazo:** al vincularse la moneda a un metal físico como el oro, se limitaba la capacidad arbitraria de los gobiernos para imprimir dinero sin respaldo, lo que reduce su capacidad para extraer tu propiedad privada. Históricamente, países bajo este sistema, como ocurrió durante el siglo XIX, experimentaron periodos de precios más estables.
2. **Confianza internacional:** el oro, como activo universalmente aceptado, facilitaba el comercio global. Las monedas respaldadas por él eran confiables, lo que promovía la inversión extranjera y la estabilidad en los tipos de cambio, como se vio en la era del patrón oro clásico (1870-1914).
3. **Disciplina fiscal:** Los gobiernos debían mantener reservas de oro para emitir moneda, lo que restringía el gasto público desmedido, fomentaba políticas más conservadoras y evitaba déficits insostenibles.

Por supuesto, también existían contras. Éstos:

1. **Rigidez económica:** la cantidad de dinero en circulación dependía de las reservas de oro, lo que limitaba la capacidad de los bancos centrales para responder a crisis económicas. Durante la Gran Depresión (1929-1933), esta inflexibilidad agravó el desempleo y la deflación en países como Estados Unidos.
2. **Dependencia de la producción de oro:** el suministro de dinero estaba atado a un activo finito, escaso y volátil. Si la minería decaía, pero la demanda económica aumenta-

ba —como ocurrió en ciertas épocas—, se generaban cuellos de botella en el crecimiento.

3. **Desigualdad entre países:** naciones sin acceso a minas de oro o con reservas limitadas, como algunas economías coloniales, quedaban en desventaja frente a potencias ricas en oro, lo que exacerbaba desequilibrios comerciales y financieros que poco tenían que ver con la competencia natural del mercado.

Muchos son los que abogan por un sistema cuyas monedas vuelven a estar respaldadas por oro, similar al del coeficiente de caja del cien por cien, frente a uno fiduciario como el actual, en el que el dinero puede crearse de manera endógena sin respaldo de ningún activo real que limite esta expansión. El debate instalado en el terreno *mainstream* es bastante similar al existente entre los defensores del coeficiente de caja del cien por cien versus los que defendemos una banca más libre. La cuestión última no es si el político puede arbitrariamente empobrecerte mediante el uso de la violencia, porque, mientras posea el monopolio de la misma, va a poder ejercer esa coacción a través del aparato del Estado; la cuestión es si somos defensores de las leyes y la libertad que rigen el propio mercado.

En mi opinión, el sistema más eficiente conduce hacia una banca totalmente libre, donde ni tan siquiera exista una autoridad monopolística que emita el dinero base ni regule el crédito como los bancos centrales.

En el sistema actual, los bancos centrales pueden influir en la oferta monetaria y en el ritmo al que se expande el crédito, pero no son los responsables directos de esa expansión. Su capacidad real se limita, sobre todo, a ampliar o contraer su propio balance.

Quienes crean dinero en la práctica son los bancos comerciales. Aunque operan bajo el paraguas del banco central, siguen siendo entidades privadas que compiten entre sí y que tienen más o menos incentivos para conceder crédito según la fase del ciclo económico en la que se encuentren. La decisión de prestar —y, por tanto, de crear dinero bancario— es, en última instancia, una decisión empresarial de cada entidad.

En el sistema actual, los bancos centrales pueden incidir en la oferta monetaria para de expandir más o menos el crédito, pero en absoluto son responsables directos de dicha expansión; más bien, sus competencias quedan limitadas a la expansión de su balance. Aunque los bancos comerciales son sucursales del banco central, hasta la fecha son organismos privados que compiten entre sí y que tienen más o menos incentivos de cara a crear dinero según la parte del ciclo económico en la que se hallen. Y, por supuesto, estas competencias son decisiones inherentes de cada uno. Como cualquier empresa, están sometidos a las leyes y al veredicto del mercado, y, si un banco en particular decidiera crear más dinero del que sus competencias se lo permiten, con la concesión de préstamos que lo llevaran a un apalancamiento excesivo, éste podría quebrar al prestar mucho más del que puede tomar concurriendo en un *working capital* —o fondo de maniobra negativo— imposible de financiar.

El *working capital* ('capital de trabajo') es una medida financiera que representa la liquidez operativa de una empresa a corto plazo. Es decir, indica si una empresa tiene suficientes recursos para cubrir sus obligaciones corrientes.

Por supuesto, todos sabemos que el sistema financiero disfruta de una regulación muy favorable que, en la práctica, actúa como una barrera de entrada difícil de superar y depende en gran medida de los poderes del Estado. Esto convierte a los grandes bancos en negocios que, una y otra vez, terminan siendo rescatados con dinero público mediante *bailouts* (rescates externos), mientras que el resto de empresas en situaciones de *distressed securities*[12] deben afrontar *bail-ins* (rescates internos) y asumir las pérdidas con sus propios acreedores y accionistas.

12. Las *distressed securities* ('valores en dificultades' o 'títulos de deuda en problemas') son instrumentos financieros emitidos por empresas que atraviesan una situación financiera crítica, con alto riesgo de impago, quiebra o reestructuración. Cotizan en el mercado a precios significativamente por debajo de su valor nominal o teórico. Suelen ser principalmente bonos, pero también acciones. Estos instrumentos presentan alto riesgo, pero también un elevado potencial de rentabilidad, razón por la cual atraen a inversores especializados, como los fondos buitre.

Este exceso de protección es, *prima facie*, uno de los factores que contribuyen a la aparición de los ciclos económicos. Cuando las entidades saben que pueden ser rescatadas, tienden a asumir niveles de riesgo mayores, lo que genera un problema clásico de riesgo moral que resulta difícil de corregir sin un mercado verdaderamente competitivo en el que el fracaso —el *default*— tenga consecuencias reales y nadie pueda acudir al rescate.

En el siguiente capítulo explicaré cómo se produce la creación de dinero, de manera tanto endógena como exógena, para comprender también los procesos de expansión y contracción del crédito. Estos mecanismos son esenciales para entender la formación de los distintos ciclos económicos y, en última instancia, cómo éstos afectan a la demanda de oro.

3

Los ciclos económicos: formación e interpretación

Llegamos a uno de los capítulos que más puede aprovechar el lector para comprender la base fundamental sobre la que tomar decisiones de *asset allocation*: una estrategia de inversión que consiste en distribuir el capital entre diferentes tipos de activos financieros, con el objetivo de equilibrar riesgo y rendimiento de acuerdo con su perfil, horizonte temporal y objetivos. En ese marco, el oro —como protector frente a la incertidumbre y activo rentable a largo plazo— debería tener siempre un sitio asignado, que podrá ser mayor o menor dependiendo de si el lector considera que atravesamos un ciclo económico en el que el coste de oportunidad del oro es superior a su promedio histórico.

Comprender en qué parte del ciclo económico nos encontramos nos dará una gran ventaja competitiva sobre el resto del mercado porque nos permitirá anticiparnos a siguientes ciclos y tomar decisiones de inversión adelantadas que paguen una prima por detectar prematuramente una ineficiencia en precio. Por tanto, la clave está en la información que de manera anticipada aportamos al precio con nuestras decisiones de inversión.

Como todo proceso futuro, la incertidumbre y el desconocimiento fehaciente de lo que aún no ha pasado será el responsable de que obtengamos un beneficio o incurramos en una pérdida. La incertidumbre es una característica inherente a todo proceso que se proyecta hacia el futuro. Dado que el porvenir es, por definición, desconocido, cualquier acción orientada a él estará marcada por la falta de información certera. Esta ausencia de conocimiento fehaciente sobre lo que aún no ha ocurrido obliga a los agentes económicos a tomar decisiones bajo condiciones de riesgo, es decir, a considerar la posibilidad de obtener diferentes resultados —algunos favorables, otros no— en función de variables que no pueden controlar por completo.

En el ámbito económico y financiero, esta incertidumbre se traduce en un principio fundamental de la teoría del capital y la inversión: a mayor incertidumbre, mayor debe ser la rentabilidad exigida para que la decisión resulte atractiva. En otras palabras, los inversores o empresarios sólo estarán dispuestos a asumir un mayor riesgo si se les ofrece una mayor compensación esperada. Así, el riesgo no sólo es una consecuencia de la incertidumbre, sino también el fundamento de las primas de rentabilidad exigidas en los mercados.

Sin embargo, los agentes económicos no se limitan a aceptar pasivamente el riesgo. Una parte esencial de la toma de decisiones racionales consiste en gestionar la incertidumbre *ex ante*, es decir, antes de que los eventos inciertos se materialicen. Para ello, se recurre a lo que podríamos denominar *activos* o *mecanismos protectores de incertidumbre*. Éstos pueden adoptar múltiples formas: desde inversiones en activos refugio (como el oro, los bonos del tesoro o incluso activos inmobiliarios en determinadas circunstancias) hasta la contratación de seguros, derivados financieros o cláusulas contractuales que trasladen el riesgo (*swap*).

La lógica de esta protección preventiva no es muy distinta de la que seguimos en otros ámbitos de la vida cotidiana. Por ejemplo, ingerir un protector gástrico antes de una comida pesada no elimina la posibilidad de una mala digestión, pero sí reduce significativamente el impacto que ésta podría tener. Del mismo modo, contratar un seguro de hogar o de automóvil no impide que ocurra un siniestro, pero nos protege financieramente frente a las consecuencias de un evento incierto y potencialmente costoso.

En definitiva, gestionar la incertidumbre no implica erradicarla, sino anticiparse a sus posibles efectos negativos mediante mecanismos racionales de protección y cobertura. Este principio, aunque profundamente económico, es también filosófico y existencial: vivir implica incertidumbre, y actuar con prudencia consiste en prepararse para lo que no sabemos con certeza pero sí podemos imaginar y modelizar.

Antes de correlacionar y estudiar el comportamiento del oro en los diferentes ciclos económicos, deberemos de entender qué son —precisamente— los ciclos y por qué se producen. Una vez que comprendamos cómo se forman y a qué variables debemos atender para identificarlos, podremos construir nuestro portafolio de inversión con el consecuente porcentaje de asignación de oro.

Muchos alumnos suelen preguntarme cómo identificar correctamente en qué fase del ciclo económico nos encontramos. La realidad es que, al igual que un médico puede obtener información valiosa del dolor de un paciente para realizar un diagnóstico, un economista con enfoque en el valor y el ciclo encuentra esa clave en el estado de la liquidez. Aunque existen otros indicadores útiles que abordaremos más adelante —como los indicadores adelantados y atrasados—, la comprensión de la liquidez y su evolución resulta fundamental para inferir en qué punto del ciclo estamos. Sólo una vez que hayamos entendido cómo se genera y se comporta la liquidez, podremos interpretar adecuadamente el resto de las señales del entorno económico.

Aclarado este punto clave, ya podemos pasar a dividir y analizar las distintas fases del ciclo económico: expansión, auge, recesión, depresión y recuperación.

CICLO ECONÓMICO

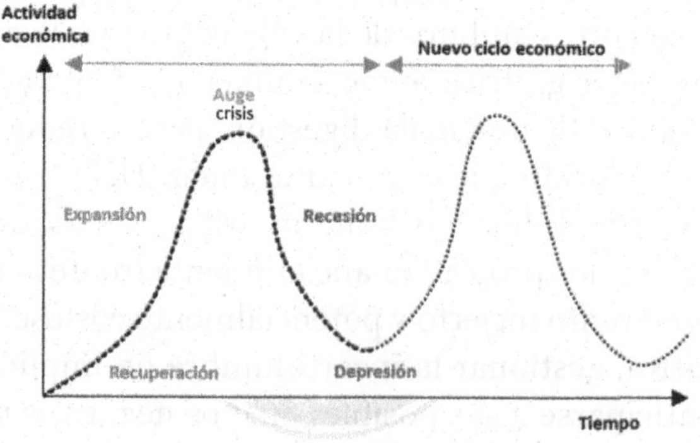

Como ya hemos dicho, usaremos una notación más específica para identificar las fases de acuerdo con el estado de la liquidez:

Fase de degradación de la liquidez (expansión)

El punto más elevado de la expansión, previo a la lucha por la liquidez —o la etapa de crisis— se conoce como *auge*. Se caracteriza porque los agentes económicos deterioran progresivamente su posición de liquidez, tanto en la estructura de sus activos como en la de sus pasivos. Este proceso suele desarrollarse de la siguiente manera:

1. Aumenta el endeudamiento, especialmente a corto plazo.
2. El destino de este endeudamiento son las inversiones a largo plazo, lo que genera descalces de financiación → Surgen problemas de *working capital* por financiar activos a largo con pasivos a corto.
3. Existe una mayor propensión a invertir en activos de largo plazo sin respaldo suficiente de ahorro real → Aparece el apalancamiento excesivo.
4. Se incrementa el consumo, impulsado por el mayor empleo en sectores intensivos en endeudamiento.

Los intermediarios financieros —y, en particular, el sistema bancario— desempeñan un papel clave en este proceso al captar fondos a muy corto plazo y canalizarlos hacia préstamos a largo plazo. Esta transformación de plazos impulsa un crecimiento económico que, aunque inicialmente vigoroso, acaba resultando insostenible. La razón es que las deudas contraídas deben ser amortizadas mediante inversiones cuyo retorno sólo se materializará tras varios años. Esta contradicción interna entre financiación inmediata y rentabilidad futura acaba, inevitablemente, desembocando en la siguiente fase del ciclo económico. Es lo que tradicionalmente se conoce como *descalce de plazos*,[13] y lleva a todo el sistema bancario a incurrir en problemas de fondo de maniobra, que son los causantes de los ciclos económicos.

En resumen, el descalce de plazos es un desequilibrio temporal entre activos y pasivos que requiere una gestión cuidadosa para evitar problemas financieros.

Desde la perspectiva de la Escuela Austriaca de Economía, este auge artificial es consecuencia de la expansión crediticia promovida por los bancos centrales, quienes reducen los tipos de interés por debajo de su nivel natural.

Esta política distorsiona las señales del mercado, provocando una mala asignación de recursos: los empresarios interpretan erróneamente los bajos tipos de interés como indicio de un incremento del ahorro disponible para financiar proyectos a largo plazo, cuando en realidad dicho ahorro genuino no existe.

No obstante, incluso dentro del propio pensamiento austriaco, hay voces críticas que cuestionan que la expansión crediticia y la manipulación de los tipos de interés sean las únicas causas del auge. Sostienen que otros factores, como la innovación tecnológica o transformaciones en la estructura de la demanda, también pueden desempeñar un papel relevante en la configuración de los ciclos económicos.

En todo caso, lo importante es que el lector —como inversor— sea capaz de identificar con distorsión cero la fase del ciclo en la que se halla inmersa la economía y, a partir de ahí, decidir la cesta de activos más adecuada. No tendrá problemas en concluir que esta fase es más propensa a la formación de burbujas que cualquier otra y que, en consecuencia, si detectamos cotizaciones en los mercados que no dejan de subir y que claramente no responden a fundamentos sólidos, muy probablemente este-

13. El descalce de plazos, también conocido como *mismatch de plazos* o *descalce de vencimientos*, es una situación en la que los plazos de los activos y pasivos de una entidad (como un banco, una empresa o una institución financiera) no están alineados. Esto significa que los vencimientos de las obligaciones financieras (pasivos) no coinciden con los flujos de efectivo esperados de los activos.

mos en un ciclo expansivo con cierta tensión en el crédito. Y, si afinamos un poco más —y eso no sólo nos gusta, es que debemos hacerlo—, nos daremos cuenta de que es la etapa del ciclo en la que nos encontramos ahora, justo cuando un servidor escribe estas líneas.

En definitiva, si detectamos que el *fomo* (el «miedo a perderse algo») se ha instalado en el mercado, es muy probable que estemos en una fase avanzada del ciclo expansivo.

Fase de lucha por la liquidez (crisis)

¿Sabías que en algunos contextos del lenguaje chino y japonés *crisis* significa una combinación de *peligro y oportunidad*?

Aunque coloquialmente se considere como crisis todo periodo malo, nosotros lo usaremos para el punto de inflexión entre el auge y la depresión. Es decir, la crisis es la fase previa a la temida y necesaria recesión-depresión y podemos identificarla porque la ansiedad y la impaciencia por la liquidez son máximas. Todos los agentes luchan y pelean por tener una liquidez que les permita cubrir sus necesidades de seguridad para afrontar el alto grado de incertidumbre al que se enfrentan. Los agentes competirán ferozmente entre ellos por obtener bienes presentes y crédito, ya que éstos son escasos y se prevé que lo sean más aún en posteriores etapas del ciclo. Por tanto, la demanda de crédito se dispara en relación con su oferta, lo que lo convierte en más valioso en relación con el resto de bienes y servicios de la economía. Dicho con otras palabras, los tipos de interés se disparan y los agentes tienen más difícil realizar cualquier tipo de intercambio en incompleto o que medie un bien presente a cambio de una promesa de pago. Por tanto:

1. Aumenta la demanda de refinanciación de deuda a corto plazo.
2. Se restringe la oferta de crédito debido a la creciente incertidumbre.

3. Se elevan los tipos de interés o depreciación de la moneda en economías con tipo de cambio flexible.
4. Se liquidan las inversiones menos rentables para obtener liquidez.
5. Se producen las primeras quiebras, despidos y caída del consumo.

Desde el análisis austriaco, la crisis no es un fallo del mercado, sino el resultado inevitable de la expansión artificial del crédito. Los proyectos de inversión que parecían rentables con tipos de interés bajos se revelan insostenibles cuando los diferenciales vuelven a subir o cuando los bancos dejan de conceder crédito fácil. La preferencia temporal de los agentes económicos, que había sido distorsionada por la política monetaria expansiva, vuelve a reflejar la realidad, lo que obliga a una corrección del mercado. Concluyo diciendo que son los primeros síntomas de purga debido a la pérdida generalizada del respeto por el riesgo, la prudencia o la mala asignación de capitales consecuencia de distorsiones en el cálculo económico.

Fase de liquidación de inversiones y ajuste (recesión-depresión)

Es posible que el lector me haya oído utilizar una analogía para ilustrar la fase de depresión del ciclo económico. La comparo con el caso de una persona que sufre de un sobrepeso extremo y decide emprender un proceso de recuperación mediante una dieta estricta y un régimen riguroso de ejercicio físico. Este proceso de saneamiento comienza inevitablemente con una purga: la eliminación gradual —pero necesaria— del exceso de grasa acumulada. Del mismo modo, la economía, tras un periodo de excesos, debe atravesar una etapa de ajuste que, aunque incómoda, resulta esencial para recuperar su equilibrio y su salud estructural. El mercado debe purgar todos aquellos procesos productivos puestos en marcha sin respeto por el crédito. Es la fase de resaca tras la borrachera del crédito fácil posterior a la crisis y la recesión, una fase en la que los agentes económicos han perdido por completo la confianza en el crédito y prefieren acumular liquidez en activos monetarios que se aprecian como consecuencia de su alta demanda mientras se deprecia el resto de activos reales y financieros de la economía.

Esta etapa se caracteriza por:

1. Venta de activos inmobiliarios, financieros y *commodities*.
2. Deflación.
3. Destrucción masiva de empleo.
4. Restricciones del gasto en consumo.
5. Reducción de los tipos de interés por la falta de demanda de crédito.
6. Aceleración del default de empresas en distressed securities.

Esta fase no es una enfermedad que deba evitarse, sino una etapa de ajuste y saneamiento imprescindible tras una fase de crecimiento insostenible, alimentada por una expansión artificial del crédito y unos tipos de interés por debajo del nivel de equilibrio natural.

Durante la expansión, el abaratamiento del crédito inducido por los bancos centrales o por un sistema bancario con reservas fraccionarias estimula inversiones en proyectos que no cuentan con suficiente ahorro real que los respalde. Estos proyectos, conocidos como *malinvestments*, sólo son viables mientras persiste el crédito fácil. Una vez que la inflación de crédito se detiene —ya sea porque los bancos endurecen las condiciones o porque los tipos de interés comienzan a subir—, se revela que muchos de esos proyectos son insostenibles. Esto desencadena una oleada de quiebras, liquidaciones de activos y despidos. Por eso se la conoce también como *fase de default y liquidación*.

La depresión, entonces, no es más que el proceso mediante el cual la economía liquida los errores del pasado. Los recursos —capital, trabajo y tierra— deben ser reasignados desde sectores artificialmente inflados hacia actividades que sí respondan a las verdaderas preferencias de los consumidores y a la disponibilidad real de ahorro. Este ajuste puede ser doloroso, pero es necesario para restaurar un patrón de crecimiento genuino y sostenible. El proceso permite recomponer la base de liquidez del sistema financiero y empresarial. Las empresas más resilientes reducen su apalancamiento y fortalecen sus balances y los bancos vuelven a valorar más rigurosamente la solvencia de sus prestatarios. El crédito, aunque limitado, se hace más selectivo y se orienta a proyectos viables.

Intentar frenar o evitar la depresión mediante nuevas inyecciones de crédito o estímulos fiscales sólo prolonga el ajuste y agrava las distorsiones, lo que retrasa la recuperación y genera nuevas burbujas.

Para salir rápidamente de la depresión, es necesario permitir la quiebra de empresas no viables, el saneamiento de balances y la reasignación de recursos a sectores más sostenibles. Además, la eliminación de barreras regulatorias y la flexibilidad en los mercados laborales y de capital son fundamentales para facilitar este proceso.

Fase de recuperación

La persona que padecía obesidad ha conseguido purgar todo su exceso de grasa, y ahora está preparada para afrontar incluso un maratón.

La fase de recuperación marca el final del ajuste recesivo y el inicio de un nuevo periodo de crecimiento económico genuino. A diferencia del auge artificial previo, esta recuperación no se sustenta en una expansión forzada del crédito ni en estímulos externos, sino en la recomposición interna de los fundamentos económicos: ahorro real, inversión productiva y reasignación eficiente de recursos.

La liquidez comienza a fluir nuevamente, pero lo hace de forma más sana, prudente y selectiva. A diferencia del auge previo, donde la liquidez se expandía de forma artificial y descontrolada, ahora está respaldada por el ahorro real y proyectos viables.

Esta etapa se caracteriza por:

1. Inversiones sostenibles financiadas por ahorro, y no por deuda excesiva.
2. La expansión del empleo en sectores productivos emergentes.
3. El incremento del consumo derivado del nuevo crecimiento económico.
4. Una mayor estabilidad económica, política y social, clave para atraer nuevas inversiones.

La fase de recuperación no debe ser acelerada de manera artificial mediante nuevas inyecciones de crédito o gasto público. Hacerlo provocaría una nueva ronda de distorsiones y un ciclo vicioso de auges y crisis. La recuperación auténtica requiere permitir que el mercado complete su proceso de reajuste, por doloroso que sea a corto plazo.

La base de una recuperación sólida es el restablecimiento de una estructura productiva coherente con las preferencias temporales y con la dotación real de ahorro. Sólo así se podrá alcanzar un crecimiento duradero, no uno basado en burbujas financieras ni en estímulos insostenibles.

Ahora que el lector conoce las propiedades de cada fase del ciclo económico, tiene más probabilidades de identificar cada una de ellas y, con ello, de calcular con mejor criterio la composición de su portfolio, en el que el oro jugará un papel fundamental. No obstante, existe otra serie de indicadores económicos temporales que pueden ofrecernos señales valiosas sobre el ciclo económico y ayudarnos a construir una tesis de inversión sólida. Las vemos en el próximo capítulo.

4

Indicadores económicos y su correlación con el oro

Existe un indicador que ningún banco central publica y ningún instituto de estadística calcula, pero que los mercados actualizan segundo a segundo: el precio del oro medido en dólares (moneda fiat).

En él se condensan, de forma brutalmente honesta, las expectativas sobre inflación mundial, la solvencia de los estados, la credibilidad de los bancos centrales y el pulso de la geopolítica global, pero también una información que suele ser muy coherente con el resto de indicadores.

A lo largo de mi carrera profesional he comprobado que si el oro acompaña al resto de indicadores estructurales esto suele ser una gran señal de que tus peores presagios relacionados con la desconfianza en la forma en cómo se organizan los estados, están bien fundamentados. El oro en ese sentido es un sentimiento y este al ser subjetivo debe ser reforzado con otros indicadores no tan subjetivos. Por eso abordo este capítulo, para tener una visión más acertada del ciclo al estudiar como los indicadores nos dan pistas mayores de lo que está sucediendo y como su correlación con el oro determinan fundamentos muy sólidos y a menudo acertados.

Éstos los podemos clasificar como:

- Indicadores adelantados.
- Indicadores coincidentes.
- Indicadores retrasados.

Son indicadores que ayudan a anticipar o confirmar en qué fase del ciclo económico se encuentra una economía, lo cual es esencial para tomar decisiones de asignación de activos como el oro.

Indicadores adelantados del ciclo

Los indicadores adelantados son señales que se aprecian antes de que se manifiesten los cambios reales en la economía. Son cruciales para anticipar fases de expansión o contracción, lo que permite ajustar carteras de inversión antes de que los mercados reflejen plenamente el nuevo escenario.

Digamos que un indicador adelantado funciona como un dolor corporal: no es el diagnóstico final, pero es una alarma temprana que, si se interpreta a tiempo, puede ayudarte a evitar consecuencias graves. En el mundo de la inversión, esto puede significar conservar patrimonio cuando otros lo pierden.

Veamos a continuación cuáles son estos indicadores.

La oferta monetaria y el balance de la Reserva Federal

Por defecto, siempre que hable de los bancos centrales lo haré refiriéndome a la Reserva Federal de Estados Unidos (la Fed). Considero que, como monopolista de la moneda fiat, constituye el banco central que el mercado toma como referencia, como si el resto fuesen una especie de sucursales.

Posteriormente, en el proceso de creación endógena del dinero, hablaremos de los agregados monetarios y de cómo la Fed agrupa los diferentes instrumentos financieros atendiendo a su grado de liquidez. Pero el más importante o comúnmente utilizado para calcular la cantidad de dólares oficiales que hay en el sistema es el agregado monetario M2 (<fred.stlouisfed.org/series/WM2NS>).

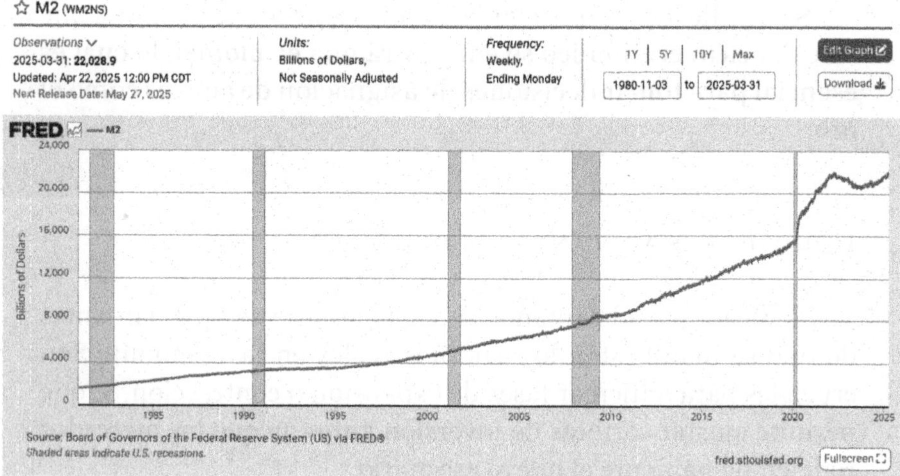

Mide la cantidad de dinero disponible en una economía con alta liquidez, pero que no necesariamente se utiliza directamente como medio de pago diario. Se compone de:

1. **M1 (dinero de muy alta liquidez):**
   - Billetes y monedas en circulación en manos de la gente.
   - Depósitos a la vista o en cuentas corrientes (dinero disponible inmediatamente para transacciones).
2. **Depósitos de ahorro:** son cuentas bancarias que generan intereses y pueden retirarse sin penalización, pero no se usan comúnmente para pagos diarios.
3. **Depósitos a plazo con vencimiento a corto plazo:**
   - Normalmente, son depósitos a plazo fijo de hasta dos años.

- Se puede acceder al dinero en un plazo corto, aunque no de forma inmediata.

4. **Cuentas del mercado monetario (en algunos países):**

- Son cuentas que combinan características de ahorro y de inversión.
- Ofrecen intereses y acceso limitado, pero pueden retirarse fácilmente en caso de necesidad.

Nótese, por tanto, que cuando hablo del M2 hablo del conjunto de M1 más depósitos cuyos responsables son los bancos comerciales (proceso endógeno de creación del dinero[14]).

Como podemos apreciar en el gráfico, el M2 se situaba en máximos históricos mientras escribía estas líneas, lo cual significa que había unos 22 billones (*trillions*, en Estados Unidos) de dólares circulando por la economía con disponibilidad inmediata o casi inmediata.

Sin embargo, lo más relevante no es únicamente el nivel absoluto alcanzado, sino la velocidad con la que el indicador ha crecido en los últimos años, reflejo de una expansión monetaria acelerada.

Fíjate en el tamaño de los cuadros de la siguiente imagen. En sólo dos años (de 2020 a 2022) el M2 se incrementó tanto como a lo largo de la década previa (2010-2020), lo que aceleró el inevitable deterioro de la moneda fiat contra todo tipo de bienes y servicios. Recuerda que siempre que nos refiramos a la moneda fiat lo haremos centrado en el dólar, al considerar el resto de pasivos financieros derivados del mismo. De igual manera, siempre que queramos conocer la cantidad oficial de dólares disponibles inmediatamente o casi inmediatamente para el consumo en una economía (liquidez), tendremos que acudir al agregado monetario M2 y, por supuesto, fiarnos del dato que la Fed publica.

14. Se distingue entre creación de dinero exógena, en la que el banco central controla la oferta monetaria a través de herramientas de política monetaria (QE's, Ltro...), y endógena, en la que el dinero surge del crédito bancario

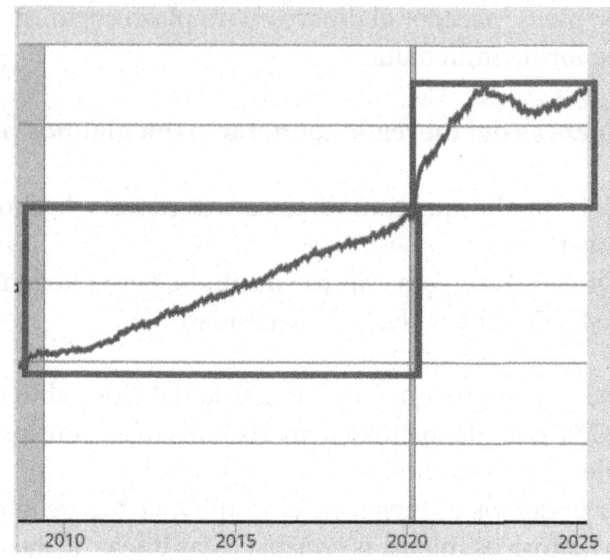

En realidad, el total de dólares *en el sistema* incluye una cantidad enorme de activos fuera del alcance del M2 (*offshore*), muchos de ellos creados mediante mecanismos de crédito en mercados financieros complejos. Esto es lo que se denomina *banca a la sombra* —o *shadow banking*—.

El *shadow banking*, especialmente en mercados *offshore*, multiplica la cantidad de activos en dólares más allá de lo medido por el M2 o incluso por la base monetaria de la Fed.

Muchos activos en dólares *offshore* son creados por *shadow banks*, sin necesidad de reservas bancarias o depósitos tradicionales. Esto puede crear una liquidez global en dólares que escapa al control de la Fed, pero que influye en los mercados financieros internacionales y capaz de generar tensiones inflacionarias y distorsiones en los precios que afectan a la función de cálculo empresarial.

Si tenemos en cuenta el sistema eurodólar y el *shadow banking*, la creación de crédito en dólares fuera del sistema bancario estadounidense es igual o mayor que la oferta monetaria medida por el M2, y tampoco está directamente controlada por la Reserva Federal. Se estima que los depósitos en dólares mantenidos fuera de EE. UU., la mayoría en Reino Unido, Suiza, Hong Kong y Singapur y conocidos como el *sistema eurodólar*, suman un total de 20 billones de dólares; si les añadimos otros creadores no institucionales de la moneda norteamericana, resulta que la oferta monetaria total en dólares disponible podría rondar tres veces más el agregado monetario oficial que calcula la Fed (el M2).

En la próxima tabla resumo las magnitudes expuestas y sus principales características. Es importante subrayar que no todos los dólares que aparecen son líquidos de inmediato, y, aunque su volumen es grande, su impacto es menor que el de los que sí están directamente disponibles para el consumo, ya que estos últimos inciden con mayor intensidad en el deterioro de la moneda fiat a través de la inflación o la pérdida de poder adquisitivo.

Comparativa Global de Dinero y Crédito (2025, estimaciones)

Categoría	¿Qué incluye?	Aprox. Tamaño (USD)	Regulación principal	¿Disponible para consumo directo?
M2 (EE.UU.)	Efectivo, cuentas corrientes, cuentas de ahorro, depósitos a corto plazo	~$20 billones	Reserva Federal	Sí
Eurodólares	Depósitos en dólares fuera de EE.UU. (Londres, Suiza, Asia, etc.)	~$15–18 billones	Bancos no regulados por la Fed	⚠ Parcialmente (no doméstico)
Shadow Banking en dólares	Activos financieros no bancarios: fondos, SIVs, derivados, titulizaciones	~$35–40 billones	No regulado como bancos	✕ No (crédito/activos financieros)
M2 en otras divisas (EUR, JPY, CNY, GBP, etc.)	Dinero líquido o cuasi líquido en monedas distintas al dólar, en sus países respectivos	~$35–40 billones	BCE, BoJ, PBOC, BoE, etc.	Sí

Estimación Total de Dinero Líquido Global (M2 equivalente)

- **En dólares (onshore + eurodólares):** ~$35–38 billones
- **En otras divisas (M2 global ex-USD):** ~$35–40 billones
- **Total aproximado de dinero líquido global: ~$70–80 billones**

Esto excluye activos financieros y *shadow banking*, que pueden más que duplicar esa (70-80 Billones $) si se considera como liquidez potencial.

Por tanto si tenemos en cuenta todos los dólares que circulan en el sistema icludios la banca a la sombra podríamos aproximar así:

Onshore (M2 Fred) + *offshore* (eurodólares) + otras divisas + *shadow banking* + *activos financieros* = 140 billones de dólares (aproximadamente).

Obviamente, la cantidad de dólares que hay en el sistema contabilizado de una manera directa (M2) es un potente catalizador del precio del oro. No en vano, la correlación del metal amarillo con el M2 es cuasiperfecta, y se estima en un 95 por ciento. Esto significa que aproximadamente el 95% de la variación del precio del metal a lo largo de las últimas décadas queda explicada por la expansión de la masa monetaria.

Si prevemos que el indicador adelantado de oferta monetaria M2 va a seguir creciendo a un ritmo más o menos acelerado, ya sabemos que la pendiente del precio será también positiva. A estas alturas del libro, el lector entenderá perfectamente que la lógica que se esconde detrás es sencilla: el dinero fíat, como todo activo, pierde valor cuando se incrementa su oferta. Cada unidad adicional satisface menos necesidades que la anterior. Y, dado que el dinero es un bien de intercambio indirecto, si detectamos esta potencial ineficiencia, trataremos de buscar otra opción que no se deprecie frente a los bienes presentes, es decir, activos capaces de preservar mejor el valor real del dinero. Sin embargo, el mercado ofrece pocas alternativas a la moneda fíat que permitan cumplir esta función sin introducir nuevos costes de intermediación. Bonos y acciones, por ejemplo, requieren una prima asociada que depende de la confianza que se tiene en el emisor. En ausencia de un dinero objetivamente escaso y confiable, estos activos reducen la erosión inflacionaria, aunque lo hacen a costa de introducir nuevos riesgos y dependencias institucionales. Otra alternativa podrían ser las criptodivisas, pero están en una fase muy experimental que conlleva costes de intermediación y volatilidad, además de depender de la confianza en el protocolo, la comunidad y la infraestructura tecnológica.

Por tanto, si lo que buscamos es un activo que no sea simplemente una promesa de valor futuro, sino un bien tangible, escaso, cuyo valor no haya sido erosionado con el tiempo y que haya demostrado su solidez a lo largo de la historia en mercados libres, el oro se presenta como la única opción genuina a esa moneda fíat que no para de crearse sin respaldo productivo (inflación) y que hace que perdamos poder adquisitivo.

Además de la fuerte correlación que ya sabemos que existe entre el oro y el agregado monetario M2 como protector de incertidumbre monetaria, el oro tiende a ser un gran protector de todo tipo de incertidumbre.

Cuando el entorno se vuelve volátil, los inversores suelen buscar activos cuya naturaleza no requiera hipótesis complejas. A este respecto, cabe considerar lo que dice el economista David Andolfatto, conocido por su trabajo sobre teoría monetaria, macroeconomía y blockchain:

- **El oro no necesita que creas en nadie:** no tienes que analizar la solvencia de un gobierno (bonos), ni la ética y la competencia de un equipo gestor (acciones) ni si un activo digital sobrevivirá el próximo ciclo. ¿Sabes si el oro seguirá teniendo valor los próximos cien años? Es más probable que sí con respecto a cualquier activo o empresa que conozcas.
- **El oro *es:*** su valor descansa en su escasez, su historia monetaria milenaria y la confianza colectiva a lo largo del tiempo. Es lo más parecido a un lenguaje universal de reserva de valor. Ésa es una ventaja competitiva inquebrantable.

El índice de confianza del consumidor (consumer confidence index, CCI)

¿Qué mide?

El CCI refleja las expectativas de los consumidores sobre la evolución futura de la economía, su situación financiera personal, el empleo y su disposición a realizar compras importantes.

El gasto de los hogares representa una parte sustancial del PIB en la mayoría de las economías desarrolladas; si los consumidores pierden la confianza, tienden a reducir su consumo o, al menos, a diferirlo. Este comportamiento suele ir acompañado de un aumento de la demanda de liquidez o de una disminución en la velocidad del dinero, lo que puede anticipar una desaceleración en forma de desinflación capaz de desembocar en deflación.

Interpretación típica

- **Alta confianza:** puede indicar que estamos ante una fase expansiva del ciclo económico en la que quizá sea conveniente empezar a acumular oro para anticiparse a ciclos inflacionarios e incrementos de la incertidumbre global monetaria.
- **Caída súbita:** una caída en este indicador puede anticipar una crisis o recesión. Sin embargo, si no va acompañada de una corrección significativa en los índices bursátiles, no considero recomendable deshacer por completo la posición en oro. De hecho, no suelo aconsejar liquidar totalmente la exposición al metal; por tanto, a partir de ahora, cualquier recomendación en ese sentido debe entenderse como una sugerencia de infraponderar su peso en cartera, pero manteniendo siempre una posición estructural en el metal amarillo.

Recuerda que los mercados cotizan SIEMPRE expectativas: todo aquello que compremos hoy anticipará en precio el devenir de la economía y la forma en que el ser humano coopera.

Cuándo y dónde

El CCI se comunica el último martes de cada mes a las 10.00 horas de la costa este de EE. UU. (las 16.00 horas en la península ibérica). Se publica en el sitio oficial de The Conference Board (<www.conference-board.org>) y también es difundido por medios económicos como Bloomberg, Reuters, Investing.com y Trading Economics.

Relación con el precio del oro

Históricamente, se ha observado que durante periodos de baja confianza del consumidor, los precios del oro tienden a subir. Sin embargo, el coeficiente de correlación entre el CCI y el precio del oro es de aproximadamente -0,15, lo que indica una relación débil.

Aunque existe una tendencia general que muestra que una disminución en la confianza del consumidor coincide con un aumento en los precios del oro, esta relación no es lo suficientemente fuerte ni consistente como para basar decisiones de inversión únicamente en el CCI. Es más efectivo y necesario considerar una combinación de indicadores económicos y factores del mercado para tomar decisiones sobre la cantidad de oro que debemos llevar en cartera. La propia intuición y el talento del inversor deberían jugar aquí su papel diferencial. ¿Es la confianza del consumidor sistémica o coyuntural? ¿Percibes que el resto del mercado empieza a percibir lo que tú percibes? Estas preguntas pueden ayudar a tratar de adelantarse al coste de oportunidad de atesorar oro y, por tanto, a su rentabilidad.

Nótese que siempre hablaré de ponderación del oro en mayor o menor proporción, lo que implícitamente debería llevar a la conclusión de que siempre hay que llevar oro en el portfolio. Como mucho debatiremos sobre su cantidad, dependiendo de la fase del ciclo en la que estamos y según las sensaciones de cada uno al analizar los indicadores adelantados y retrasados que aquí describo.

Nuevos pedidos de bienes duraderos

¿Qué mide?

Este indicador mide el valor total de los pedidos de bienes con una vida útil superior a tres años (como maquinaria, vehículos, tecnología...).

¿Por qué es adelantado?

Las empresas hacen pedidos de bienes duraderos sólo cuando esperan crecimiento futuro. Una caída persistente sugiere una menor actividad económica y, en general, desconfianza en el devenir de la economía real y de mercado.

Interpretación típica

- **Aumento sostenido**: puede indicar que estamos en una fase inicial de recuperación en la que el coste de oportunidad de llevar oro es elevado si las valoraciones no están muy infladas o en una etapa más acelerada del ciclo de expansión en la que el oro es imprescindible para actuar como cobertura frente a la incertidumbre monetaria derivada de los excesos propios de este contexto.
- **Descenso continuado**: las empresas tienden a reducir las compras de bienes que incrementan la actividad económica por miedo a no poder amortizarlos. Se instala la expectativa de recesión o desaceleración en los equipos directi-

vos de las compañías, lo cual es un inventivo clave de, como mínimo, mantener nuestra posición en oro o incluso aumentarla.

Dónde y cuándo

Este indicador se comunica cerca del día 26 de cada mes (aunque no siempre es exactamente en esa fecha) a las 8.30 horas de la costa este estadounidense (las 14.30 horas en la península ibérica). Se puede ver en cualquier medio generalista que trate sobre finanzas (CNBC, Bloomberg, NegociosTv) o en cualquier web de finanzas semi profesional.

Relación con el precio del oro

No existe una correlación lineal como la que podría darse entre dos variables independientes, pero en momentos de crisis o recesión se activa un mecanismo inverso típico:

↓ *Bienes duraderos* = ↑ *oro* (*y viceversa, durante recuperación*)

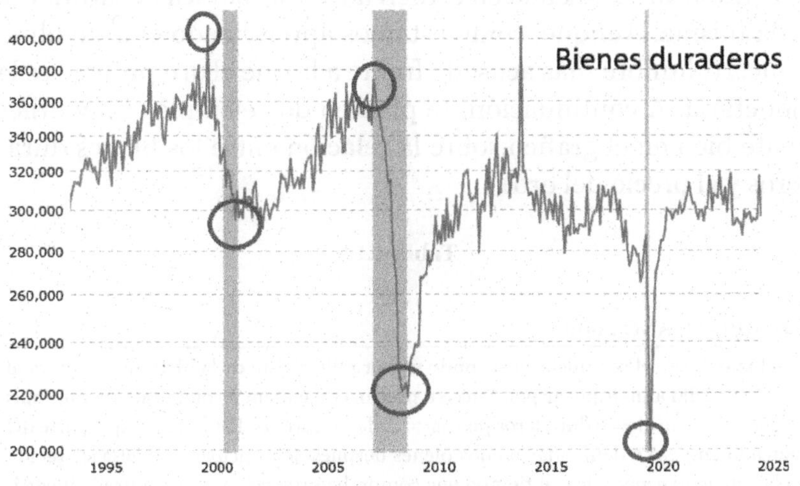

La idea es clara: aunque la correlación no es fuerte y directa, cuando se produce se lee de manera que, si las empresas tienden a reducir sus compras en bienes duraderos —como maquinaria o herramientas— a consecuencia de una incertidumbre que va en aumento, es probable que, a su vez, una parte del mercado esté comprando oro para protegerse de dicha incertidumbre.

Recuerda que el oro, ante todo, es una cobertura frente a la incertidumbre instalada en el mercado, sea cual sea la naturaleza de la misma. Aunque, como estamos aprendiendo en este libro, la incertidumbre más acusada frente a la que el oro protege es la monetaria. A continuación, te planteo dos ejemplos muy útiles (fíjate bien en el gráfico sobre la relación entre los bienes duraderos y el precio del oro).

Tabla 4.1

EJEMPLO 1: AÑO 2000
En el año 2000, el oro inicia su segundo mayor rally alcista de la historia, que lleva al metal amarillo a multiplicar por cinco su precio, coincidiendo con la caída a mínimos de peticiones de bienes duraderos por parte de las empresas. Esto sugiere que parte del mercado empezó a demandar menos bienes después de anticipar una desaceleración en la actividad económica, al tiempo que compraba protección (oro) contra la incertidumbre del momento.

EJEMPLO 2: AÑO 2008

Tras el pinchazo de la burbuja de crédito, la demanda de bienes duraderos se desploma y el oro se va a máximos históricos, de nuevo como cobertura universal y protector ante una incertidumbre cíclica.

EJEMPLO 3: AÑO 2025

Más recientemente, en abril de 2025, observamos que el dato de pedidos de bienes duraderos cae un 6,3 por ciento (según Reuters). En ese mismo mes, el precio del oro alcanza máximos históricos: un récord de 3.305 dólares por onza.

El índice de gestores de compras (purchasing managers' index, PMI)

¿Qué mide?

El PMI se centra en la actividad económica en el sector manufacturero y de servicios mediante encuestas a directivos de compras sobre pedidos, producción, empleo...

¿Por qué es adelantado?

Los gestores de compras toman decisiones sobre producción, contratación y abastecimiento antes de que se reflejen en cifras macroeconómicas oficiales.

Interpretación típica

- **PMI superior a 50:** se dice que la economía está en zona de expansión.
- **PMI inferior a 50:** se dice que la economía está en zona de contracción.

Tradicionalmente, estos simples estándares determinan si una economía se encuentra en recesión o expansión. Por supuesto, por sí solos no valen para nada; de hecho, muchas veces los he visto por encima y debajo de 50 sin que ello indicase un cambio de tendencia en el ciclo económico. Como con todos los indicadores, necesitaremos fijarnos en otros y recurrir, además, a nuestro talento y nuestra perspicacias como inversores.

En cualquier caso, cambios rápidos en el PMI (por ejemplo, un salto del valor 55 al valor 47) suelen ser una alarma de cambio del ciclo económico que, como mínimo, debería llevarnos a estar alerta y contrastar con el resto de indicadores (especialmente, con los retrasados, que explicaremos más adelante, pues son los que confirman los cambios de ciclo).

Relación con el precio del oro

Al igual que ocurre con los bienes duraderos, una caída del PMI quizá indique que los agentes y las empresas empiezan a valorar más la liquidez que tienen en sus balances que los bienes y servicios por los que ésta puede ser intercambiada.

Por tanto, una caída del PMI capaz de anticipar un cambio de ciclo debería llevar asociada una correlación negativa con el precio del oro, esto es, correcciones en las expectativas de crecimiento que deriven en una menor contratación de empleados o en menores compras sobre pedidos llevan asociadas incrementos en la incertidumbre que activan la demanda de oro y, en consecuencia, su cotización. El mercado compra protección y vende riesgo, o, dicho de otra manera, demanda cobertura contra la incertidumbre.

En realidad, no existe una relación estrecha entre los precios del oro y el índice PMI. Durante importantes caídas, como la Gran Recesión (2008), el PMI se desplomó, mientras que el oro se recuperó. Sin embargo, durante todo el periodo, el coeficiente de correlación fue muy bajo, lo cual implica ausencia de una relación causa-efecto o causalidad.

De nuevo tendremos que ser capaces de descifrar qué implica un mal dato del PMI como si de un mapa del tesoro se tratase, ya que el oro no responde directamente a este indicador, sino a cómo el PMI influye en la política monetaria, la inflación y la percepción del riesgo. Es probable que en muchos caso el oro ya haya anticipado el dato y sirva como bola de cristal de lo que ulteriormente el dato refleje.

Supongamos un PMI malo o muy malo, es decir, por debajo de 50. Primero debemos analizar la pendiente dibujada por de los datos anteriores para determinar si se enmarca en una tendencia negativa o si se trata de un episodio puntual. Desde luego, si estamos en una situación de clara contracción económica, es muy probable que los tipos reales caigan: el mercado ajustará a la baja los tipos nominales (y guiará a la Fed a hacer lo mismo) si prevé que los precios se van a desplomar por una menor demanda.

Si la caída de los tipos nominales se traduce en una reducción del tipo real, el entorno será favorable para el oro, ya que disminuirá el coste de oportunidad de mantenerlo. En ese caso, lo razonable sería mantener la posición o incluso aumentarla invirtiendo en más. Sin embargo, si la expectativa de tipos nominales más bajos viene acompañada de una caída aún mayor de las expectativas de inflación, el efecto será el contrario: el tipo real aumentará. En ese escenario, el ajuste resultaría desfavorable para el oro.

Podría pasar que los bancos centrales trataran de presionar la curva de tipos a la baja para evitar una recesión con políticas monetarias que potencialmente dispararan las expectativas de inflación y, en consecuencia, las expectativas de tipos reales negativos, lo cual sería un motivo claro de compra de oro.

De nuevo entra en juego la interpretación subjetiva del dato en relación a las expectativas de formación de tipos reales positivos o negativos de cada individuo.

Sin duda, tendremos que ser capaces de descontar y analizar cómo se forma el tipo real y si la intensidad con que los Bancos centrales tratan de manipular la curva.

¿El movimiento es brusco?

Obviamente, la brusquedad con la que se produce el cambio en el PMI es determinante. No es lo mismo pasar de un PMI de 54 —zona clara de expansión— a uno de —zona de recesión— de forma abrupta en un solo mes que hacerlo gradualmente a lo largo de doce meses. En el primer caso, la volatilidad del mercado será mucho mayor, ya que los precios deberán incorporar de golpe información que antes no estaba descontada en los activos. En el caso del oro, sin embargo, el comportamiento podría ser ambiguo.

Si el mercado descuenta que los bancos centrales activarán sus alarmas monetarias para tratar de esquivar la recesión con más estímulos relacionados con políticas expansivas, el oro recogerá en su cotización tales expectativas: aumentarán su demanda y, lógicamente, el precio por onza. Sin embargo, si el mercado entra en *modo pánico*, el oro podría caer, pues las coberturas frente a la incertidumbre monetaria se desharían al anticipar caídas de precios, lo que implicaría un ajuste fuerte a la baja de la inflación y el tipo real.

También es importante señalar que muchos participantes del mercado necesitarán liquidez para renovar sus deterioradas posiciones largas (es decir, apuestas a favor de un activo) y mantenerse dentro del mercado, lo cual hará que el oro corrigiese como consecuencia de ese aumento de las necesidades de liquidez.

Esta última situación la vivimos al inicio del año 2025 con el anuncio de la política arancelaria de Trump: el PMI manufacturero de Estados Unidos experimentó una notable contracción, al caer de 50,3 a 48,3 puntos, con lo que marcó su nivel más bajo en más de cuatro años y medio. Esta tendencia continuó en marzo de 2025, con una disminución adicional, indicativa de una contracción en el sector manufacturero tras meses de crecimiento.

Piensa en las cotizaciones como fuerzas que tiran de un lado y de otro: el inversor perspicaz y que se anticipa es aquel que descuenta qué fuerza va a ser la que tire más, la fuerza predominante. Si el mercado se pone en modo pánico por miedo a una recesión, podría ser que pesara más la fuerza recesiva que la inflacionaria, y esto claramente es bueno para el tipo real positivo, es decir, malo para el oro.

Grábatelo: TIPO REAL = TIPO NOMINAL - INFLACIÓN

Si caen las expectativas de inflación con más fuerza que el tipo nominal que anticipa esa recesión, entonces el tipo real sube. Como he dicho a lo largo de este libro, los mercados cotizan expectativas, y, en lo que a la ecuación se refiere, es lo mismo. Cuando hablamos de inflación no nos estamos refiriendo a la tasa de inflación actual, sino a las expectativas de inflación que el mercado tiene en los distintos tramos de la curva de tipos de interés. De hecho, y para ser más honestos y rigurosos con el cálculo del tipo real, lo que tendremos en cuenta en esa fórmula vendrá determinado por el breakeven[15] de inflación.

Por tanto, la fórmula correcta más precisa sería:

Tipo real = tipo nominal - breakeven de inflación

15. Como habrás observado, muchos de los datos y gráficas que muestro en este libro proceden de la web principal de la Reserva federal de St. Louis; creo que es una base de datos mundial magnífica (<fred.stlouisfed.org>).

El breakeven es la tasa de inflación implícita en el mercado de bonos que haría indiferente a un inversor comprar un bono tradicional (nominal) o un bono indexado a la inflación, como los TIPS (Treasury Inflation-Protected Securities).

Si reordenamos la expresión anterior, obtenemos lo siguiente:

Breakeven = tipo nominal - tipo real
Si la inflación esperada es 0,
el tipo nominal coincide con el tipo real:
Tipo nominal = tipo real

- **Tipo nominal**: rendimiento de un bono del Tesoro estadounidense a plazo fijo (por ejemplo, a diez años).
- **Tasa real**: rendimiento de un TIPS con el mismo vencimiento.

Por tanto, el breakeven es el punto en el que ambas inversiones rinden lo mismo, siempre que la inflación futura iguale esa tasa:

- Si la inflación futura real es igual al breakeven, entonces da lo mismo haber invertido en TIPS o en bonos nominales.
- Si la inflación futura real es mayor, los TIPS ofrecen un mayor retorno.
- Si la inflación futura real es menor, el bono nominal es más rentable.

Por eso se llama *breakeven* ('punto de equilibrio'): es la tasa de inflación esperada por el mercado para que *empaten* los rendimientos entre instrumentos ajustados y no ajustados por inflación.

Más adelante veremos que estas expectativas son recogidas por los bonos y por el oro de una manera bastante más rigurosa y precisa que las bolsas u otros instrumentos financieros.

Supongamos ahora un mal dato del PMI, que cae de la zona de expansión, desde 52 puntos, a la de contracción, hasta 47:

- **Tipo nominal actual:** 4,5 por ciento.
- **Inflación esperada antes:** 4 por ciento → tipo real ≈ 0,5 por ciento.
- **Inflación esperada ahora:** 2,0 por ciento (cae bruscamente) → tipo real ≈ 2,5 por ciento.

Entonces, aunque el tipo nominal no cambie (o sólo baje levemente), una caída fuerte de las expectativas de inflación hace que el tipo real suba.

Esto endurece las condiciones monetarias —aunque la Fed no haya subido los tipos— y refuerza el riesgo real de recesión. Una caída en las expectativas de inflación eleva el tipo de interés real, ya que el tipo nominal tarda en ajustarse a la baja. Al aumentar el poder adquisitivo del dinero, la carga real de la deuda se vuelve más pesada: aunque el importe nominal permanece fijo, el deudor debe renunciar a una mayor cantidad de bienes y servicios reales para honrarla. En otras palabras, la deuda se hace más onerosa.

Recuerda que la materia prima de un bono es el dinero y que éste también se aprecia (deflación) o deprecia (inflación), lo que convierte al acreedor o al deudor en más o menos pobre. En este caso en concreto, si las expectativas de inflación se mantienen bajas, el oro podría ser un lastre más que un protector porque los tipos reales se mantendrían altos, o, al menos, el tipo nominal de mercado se situaría por encima de las expectativas de inflación con relativa facilidad.

De nuevo, apelar al coste de oportunidad del oro en términos de otros activos será fundamental para determinar la cantidad de oro que deba llevar nuestro portfolio.

Curva de rendimientos (yield curve)

Por la cantidad de información que proporciona, uno de los indicadores de liquidez más fiables que existen —y que más me gustan— es la curva de tipos de interés, también conocida como *curva de plazos* o *curva de riesgos* (o *de spreads*).

Habrás oído hablar mucho de ella, sobre todo en los últimos tiempos, especialmente a raíz de su inversión y del debate que ha generado en los mercados. Con frecuencia se presenta este fenómeno como un simple presagio automático de recesión, casi como si bastara con pulsar un botón, sin apenas ir más allá en el análisis.

Lo cierto es que la curva de tipos ha permanecido inversa un largo periodo sin que se diera la tan temida recesión. Aún recuerdo mi lucha en redes sociales y medios de comunicación para avisar de que este fenómeno no anticipaba recesión en esta coyuntura económica, sino que, más bien, reflejaba una cronología más o menos programada de normalización y ajuste de tipos a lo largo de la curva.

En un entorno de inflación elevada y políticas *hawkish* ('contractivas'), interpretar la curva de tipos requiere algo más que mecanismos automáticos: exige entender quién está comprando bonos, con qué horizonte y bajo qué narrativa macroeconómica. En este caso, el mercado no descontaba recesión: estaba adelantando una estabilización monetaria que, con el tiempo, se ha ido cumpliendo con relativa normalidad.

Pero vamos a ver por qué esta famosa curva anticipa recesiones para poder entender su posterior y evidente correlación con el oro y, sobre todo, para utilizarla como indicador adelantado.

Que exijamos una mayor rentabilidad por prestar a mayor plazo es, en esencia, el reconocimiento de que nuestro tiempo es escaso y limitado, lo cual hace que tengamos que establecer una prima intertemporal para los bienes futuros en relación con los bienes presentes. El ser humano está programado para ser impaciente en cuanto a la preferencia temporal que tiene sobre los recursos de los que dispone, es decir, prefiere consumir o satisfacer cualquier necesidad inmediatamente después de que ésta se presente (sobre la satisfacción inmediata tenemos el que es, probablemente, el mejor libro de economía jamás escrito: *Principios de economía política*, del ya mencionado Carl Menger, uno de los textos clave de la llamada *revolución marginalista*).

La curva de tipos mide, a través de los tipo de interés a distintos vencimientos, las condiciones de liquidez de la economía. Arranca en el tramo más corto —el dinero a un día, representado por el EFFR, (Effective Federal Funds Rate)— y se extiende hacia plazos cada vez más largos. Constituye los cimientos sobre los que se construye el resto de tipos de interés de la economía, bonos corporativos, bonos *high yield*, acciones empresariales...

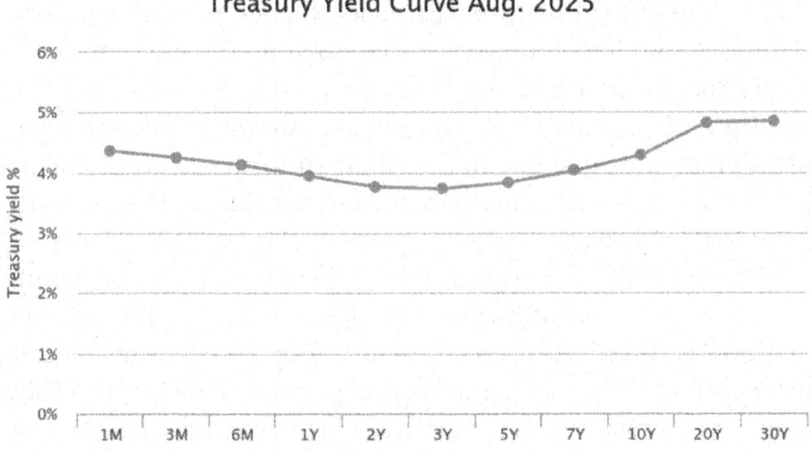

¿Por qué es un indicador adelantado?

La curva es un indicador adelantado porque condensa las expectativas de millones de decisiones de inversión sobre inflación, crecimiento y política monetaria, y esos cambios en las expectativas se reflejan en los precios y las rentabilidades de los bonos antes de que la economía real reaccione.

Funcionamiento de la curva

Antes hemos dicho que la naturaleza del ser humano implica preferir satisfacer cualquier necesidad cuando ésta se presenta, lo que hace que cualquier bien destinado a ello sea más valorable cuanto más rápido se dispone de él. El tipo de interés es la relación entre el valor de los bienes presentes y el valor de los bienes futuros; es decir, entre aquellos bienes que satisfacen necesidades inmediatas y aquellos que las satisfarán en el futuro.

Cuanto más lejos en el tiempo está la necesidad pendiente de satisfacer, menos la valoramos en nuestro orden de necesidades presentes; por tanto, aplicamos un tipo de interés proporcional a esa menor necesidad futura con esa mayor necesidad presente. En definitiva, la curva de tipos de interés de una economía debería presentar pendiente positiva: los bienes más lejanos en el tiempo serían los de mayor compensación en forma de tipo de interés o, alternativamente, los menos valorados.

Sin embargo, en economía real, la curva de tipos incorpora otros elementos que pueden cambiar su forma, incluso volverse negativa en ciertos tramos, sin que eso contradiga la preferencia temporal humana.

La preferencia temporal es un principio humano constante: valoramos más los bienes presentes que los futuros. Pero la curva de tipos de interés de mercado refleja muchas más variables: las expectativas, el riesgo, la liquidez, la política monetaria, la inflación... Por eso puede ser positiva, plana o incluso negativa sin contradecir la teoría del interés puro.

¿Qué mide?

La curva de rendimientos mide la diferencia entre los rendimientos de bonos a largo plazo (por ejemplo, a diez años) y a corto plazo (por ejemplo, a dos años).

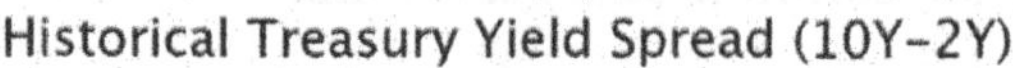

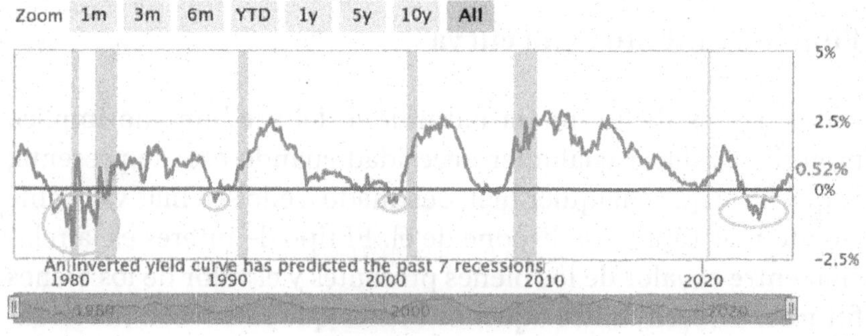

Estados de la curva de tipos

Una vez que sabemos que la curva de tipos de interés recoge la relación entre rentabilidad y vencimiento de los bonos, ya podemos centrarnos en el grado de desinversión o inversión a través del análisis de la pendiente. Normalmente, se suele tomar el bono soberano a diez años como referencia del tramo largo de la curva y el bono a dos años o el vencimiento a tres meses como referencia del tramo corto. La diferencia entre tramo largo y tramo corto nos permitirá representar la pendiente y, con ella, inferir el grado de inversión-desinversión de la curva.

Una vez realizado el cálculo de la diferencia podremos observar una de estas dos opciones:

- Que la curva se aplana.
- Que la curva se invierte.

Cuando la curva se aplana

Que la curva se aplane por arribe (descendente o pendiente negativa), significa que el resultado de restar el tipo de interés del bono americano a diez años por el bono americano a dos años cada vez es más pequeño, ya sea porque la TIR del bono a dos años está subiendo o porque la del bono a diez años está bajando. En ese caso, se dice que la curva se está aplanando, lo que podría ser un síntoma de tensiones de liquidez en el tramo corto o de la búsqueda de mayor refugio en el tramo largo.

Recuerda que la relación TIR/precio del bono es inversa[16], de modo que, si aumenta la TIR del bono, su precio baja. Cuando los agentes buscan refugio en el tramo largo de la curva, lo que

16. Ya hemos visto que los bienes más valiosos para el ser humano son aquellos que satisfacen necesidades inmediatas. De modo análogo, los flujos de caja más inciertos —por lejanos u otras primas— comportarán un tipo de interés mayor que pesará menos en el valor presente del bono. Por eso la relación del precio es inversa en tiempo y riesgo.

están haciendo es comprar bonos a largo y, en consecuencia, rebajar sus TIR (aplanamiento de la curva).

¿Cómo afecta al oro una curva que se aplana?

Teniendo en cuenta que la relaciones en los mercados financieros no son lineales, podríamos establecer las siguientes pautas, que deberían ser apoyadas por otros indicadores y tesis:

- Una curva que se aplana lo hace porque suben los rendimientos del tramo corto o bajan los del tramo largo. Esto suele indicar expectativas de desaceleración y, en casos extremos, de recesión. Como ya hemos visto, el aumento del tipo de interés en el tramo corto puede significar un periodo de lucha o fase de crisis en el que los agentes económicos tienen ansiedad por atesorar liquidez ante una etapa de incertidumbre o cambio del ciclo económico. El oro —como protector de incertidumbre— será demandado tanto del mercado como de activos reales líquidos.
- Esto suele ir acompañado de expectativas de políticas monetaria menos restrictivas en el futuro (posibles recortes de tipos), lo que puede reducir los rendimientos reales, ya sea por la propia inercia de la desaceleración económica, por un aumento de la demanda de bonos a largo plazo como refugio o por políticas monetarias expansivas de la Fed.
- Cuando los tipos reales (rendimiento nominal-inflación) bajan, el coste de oportunidad de mantener oro disminuye, lo que tiende a disparar el precio del metal.
- Una curva aplanada, especialmente si viene por caída de los tramos largos, puede anticipar tipos reales más bajos de cara al futuro.
- El aplanamiento puede reflejar una mayor incertidumbre económica.
- El oro es un protector frente a la incertidumbre, sea cual sea su naturaleza.

- Esto se intensifica si el aplanamiento se convierte en inversión de la curva (históricamente asociada a recesiones).

Tabla 4.2.

	Escenario	Señal Económica	Impacto Esperadoen el Oro
1	Aplanamiento por subida de tipos cortos (Fed hawkish)	Política monetaria restrictiva a corto plazo	Presión bajista inicial por mayores rendimientos reales a corto, posible rebote si de descuentan recortes
2	Aplanamiento por bajada de tipos largos (flujo refugio a bonos)	Mayor demanda de bonos largos por temor a desaceleración	Menor coste de oportunidad -> presión alcista del oro
3	Curva invertida prolongada	Alta probabilidad de recesión próxima	Demanda de refugio y expectativas de estímulo -> tendencia alcista sostenida

Cuando la curva se invierte

Una curva invertida es aquella cuyos vencimientos más cortos remuneran mejor que los más lejanos, o dicho de otra forma: aquella cuyo diferencial entre el bono a diez años y el bono a dos años es negativo o está por debajo de 0.

Obviamente, se trata una anomalía en la estructura de plazos y formación de tipos. Los círculos por debajo del 0 por ciento de rentabilidad indican que la curva ha dejado de aplanarse para invertirse y que las señales de alerta se han encendido.

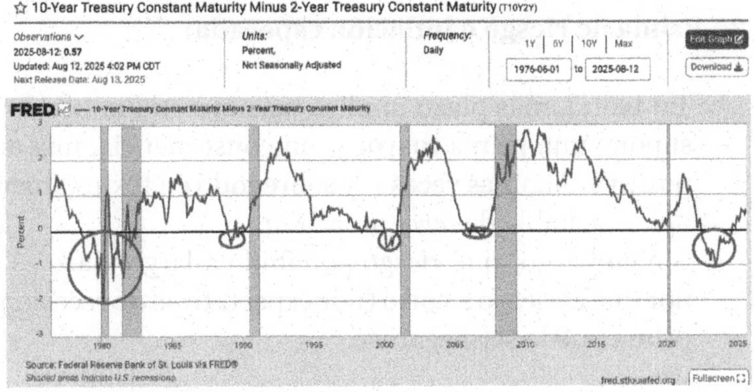

Vamos a tratar de entender por qué la curva se invierte, neutralizando la preferencia temporal de la que hemos hablado y remunerando con tipos de interés vencimientos más cortos que largos:

1. **Política monetaria:**
   - El banco central fija tipos cortos muy altos para contener la inflación: los tramos cortos de la curva suben y los largos pueden quedarse más bajos si el mercado espera que la inflación y los tipos bajen.
   - Esto puede provocar una curva invertida.

2. **Expectativas macroeconómicas:**
   - Si los inversores creen que habrá recesión, comprarán deuda a largo plazo como refugio. La liquidez en épocas de recesión es el activo más valorado por su condición de vendibilidad, y la materia prima de los bonos es moneda fiduciaria.
   - Esa demanda extra hace subir su precio y bajar su rendimiento, con la consiguiente reducción de los tipos largos. Alternativamente, el mercado también vende los vencimientos cortos por aversión al riesgo y recompran esos bonos a TIR más elevados que cubran la incertidumbre del corto plazo.

3. **Prima de riesgo e inflación esperada:**
   - En teoría, más plazo implica más incertidumbre, lo que supone una prima mayor y, en consecuencia, una curva positiva. Algunas veces —y sobre todo en textos americanos— se habla de *term premium*.
   - Sin embargo, si el riesgo percibido a largo plazo es menor que el riesgo a corto (por expectativas de recesión), la prima puede ser negativa.

4. **Factores técnicos de mercado:**

    - Escasez de colateral seguro a largo plazo. El bono americano del tramo largo es un activo que sirve como colateral para el mercado de repos y cuando hay escasez por falta de confianza sus rendimientos se desploman por el aumento de la demanda.
    - Reglas regulatorias que incentivan a los bancos a comprar deuda de largo plazo, incluso con rentabilidad baja o negativa.

¿Cómo debe afectar a nuestras decisiones sobre el oro una curva totalmente invertida?

Como ya hemos visto, una curva que se invierte es aquella que remunera mejor la oferta de liquidez en los vencimientos cercanos que en los lejanos, lo que neutraliza la prima temporal. Si el tipo se está disparando en el tramo corto, es evidente que los agentes demandan más liquidez, ya sea porque la economía está recalentada (demanda de inversión) o porque la desconfianza contrae la oferta de crédito (oferta de ahorro). En el primer caso, las tensiones inflacionarias son evidentes, y eso promueve la formación de tipos reales negativos (inflación por encima del tipo nominal). Es evidente que el oro es una fiel cobertura frente a este deterioro progresivo de la moneda fiat porque es un sustituto monetario cuya oferta no está en manos de nadie.

En el segundo caso, una contracción del crédito a corto plazo puede llevar a cambiar el ciclo hacia recesión-depresión, lo cual elevaría la incertidumbre política y monetaria y, con ello, la demanda de oro. Más obvio sería el caso si se combinan esa desaceleración económica con inflación o tipos nominales por debajo de la inflación; esto nos llevaría al ciclo en el que mejor se comporta el oro: el ciclo de estanflación.

Cuando la inversión de la curva de tipos es total, genera un mayor temor a recesiones, lo que impulsa a los inversores a buscar activos no correlacionados con los mercados tradicionales, como el oro. Históricamente, durante periodos de recesión, los precios del oro tienden a subir debido al aumento de la demanda como *store of value* estable. El mejor hedge contra la incertidumbre ha sido siempre el oro.

> Repito, el mejor hedge contra la incertidumbre ha sido siempre el oro.

Una curva invertida reduce los rendimientos a largo plazo, lo que disminuye el atractivo de los bonos y, con él, el coste de oportunidad del oro, que no paga intereses pero tampoco deteriora su valor. Esto hace que el metal precioso sea más competitivo, especialmente cuando el mercado anticipa recortes de tipos que debiliten el dólar. La relación es directa: caídas en los yields reales favorecen subidas en el precio del oro, y la inversión de la curva es precisamente la señal que anticipa ese movimiento.

La evidencia histórica lo respalda. Estudios sobre shocks en la curva de rendimientos muestran que las inversiones predicen cambios positivos en los precios de commodities como el oro, al reflejar expectativas de inflación a largo plazo. En periodos de inversión de la curva del Tesoro estadounidense, el oro ha actuado como hedge efectivo contra caídas simultáneas en acciones y bonos, una descorrelación especialmente valiosa cuando los activos tradicionales fallan como refugio al mismo tiempo.

Además, en entornos de *bear steepening*,[17] la inversión inicial de la curva suele ser alcista para el oro. Lo que realmente impulsa al oro es la expectativa de que el ciclo restrictivo termina.

Vamos a analizar el comportamiento del oro en los periodos en los que la curva ha estado plenamente invertida (con un spread inferior a cero de forma clara y sostenida).

17. El concepto *bear steepening* describe un movimiento en la curva de tipos de interés en el que:

Los rendimientos de largo plazo suben más rápido que los de corto plazo.

Como resultado, la pendiente de la curva se hace más pronunciada (*steepening*), mientras que los precios de los bonos caen (*bearish*).

De nuevo, apoyándonos en el gráfico de la curva de tipos que nos muestra la Fed (restándole al tipo nominal del bono a diez años el vencimiento a dos años), podemos encontrar tres grandes inversiones de la curva más profundas que el resto.

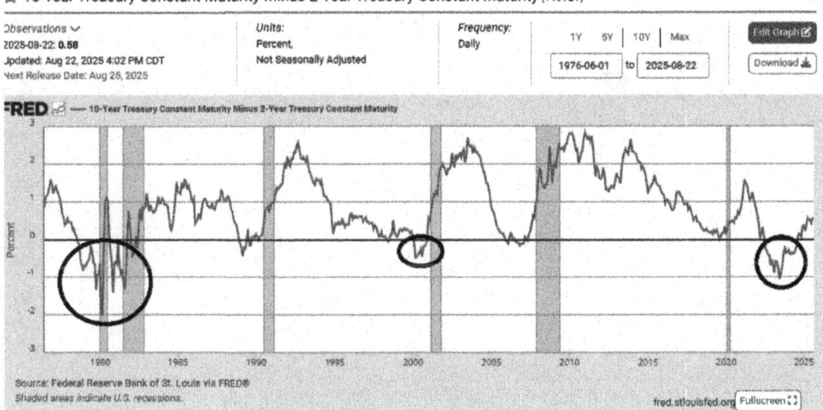

1. **Finales de los 70 y principios de los 80:**

    - **1978-1980**: inversión prolongada antes de la recesión de 1980.
    - **1980-1981**: segunda inversión corta, pero intensa, antes de la recesión de 1981-1982.
    - **Contexto**: fin de los Acuerdos de Bretton Woods e inicio de un *rally* histórico de inflación y subidas del oro. Política monetaria muy restrictiva de la Fed para corregir el sobreexceso.

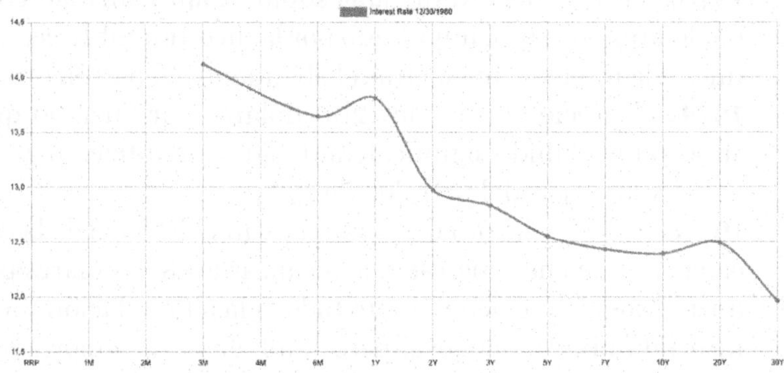

Comportamiento del oro en cada gran inversión de la curva de tipos de interés

Primer gran ciclo del oro: 1971-1980

Tras el fin del sistema de Bretton Woods, en 1971, cuando el presidente Richard Nixon suspendió la convertibilidad del dólar en oro, el precio del metal experimentó un aumento espectacular durante el resto de la década.

- **1971:** antes del fin de Bretton Woods, el precio del oro estaba marcado en 35 dólares por onza, como parte del sistema de tipos de cambio fijos. Tras la suspensión de la convertibilidad, en agosto de 1971, el oro comenzó a cotizar libremente en los mercados, lo que marcó el inicio de su liberalización.
- **1973:** el precio del oro ya había subido a aproximadamente 65 dólares por onza, impulsado por la incertidumbre económica y la inflación inicial tras el abandono del patrón oro.
- **1974:** el precio alcanzó los 200 dólares por onza, lo que supuso una subida significativa debido a la inflación galopante y las crisis del petróleo de 1973.
- **1980:** el precio del oro llegó a su máximo histórico de la década el 21 de enero de 1980, al alcanzar los 850 dólares por onza. Este pico se debió, sobre todo, a la alta inflación y a la incertidumbre monetaria, pero también a su importancia

como cobertura frente a otro tipo de incertidumbres, como tensiones geopolíticas (como la Revolución iraní y la invasión soviética de Afganistán) y las crisis energéticas.

En términos nominales, el precio del oro se multiplicó por más de 23 veces durante la década de 1970: pasó de 35 a 850 dólares por onza y se consolidó como el mejor instrumento de cobertura en una época en la que la inflación llegó a estabilizarse por encima del 13 por ciento.

> Es importante notar que, aunque el pico de 1980 fue excepcional, el precio del oro experimentó fluctuaciones durante toda la década, con una corrección significativa a mediados de los setenta (por ejemplo, con una caída del 50 por ciento tras alcanzar los 197,50 dólares en 1974). Sin embargo, la tendencia general fue claramente alcista debido a los factores macroeconómicos mencionados

2. **El cambio de milenio y la burbuja de las puntocom**:

    - **2000-2001**: inversión clara previa a la crisis de la puntocom y recesión de 2001.
    - **Contexto**: burbuja tecnológica y ajustes tras las subidas de tipos de finales de los 90. Caída de la confianza en el dólar tras el estallido de la burbuja tecnológica y los déficits gemelos de EE. UU. Políticas monetarias expansivas de la Reserva Federal (tipos muy bajos tras 2001 y 2008).

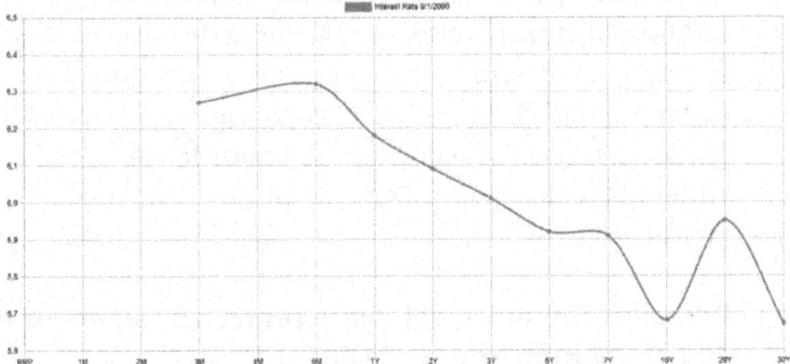

Comportamiento del oro

Segundo gran ciclo del oro: 2000-2011

Vamos a analizar el comportamiento del oro en los periodos en los que la curva ha estado plenamente invertida (con un spread inferior a cero de forma clara y sostenida).

De nuevo, apoyándonos en el gráfico de la curva de tipos que nos muestra la Fed (restándole al tipo nominal del bono a diez años el vencimiento a dos años), podemos encontrar tres grandes inversiones de la curva más profundas que el resto:

- **Año 2000:** el oro cotizaba a alrededor de 270-280 dólares por onza.
- **Septiembre de 2011:** alcanzó su máximo histórico (en aquel momento), en torno a los 1.920 dólares por onza. El oro subió aproximadamente un 585 por ciento y se multiplicó por 7. En el siguiente capítulo veremos cómo, además de una inversión en la curva del oro, los rallys del metal suelen coincidir con épocas en las que el coste de oportunidad de llevar oro es bajo, ya sea porque los mercados están caros o porque los bonos lo están con rendimientos reales poco atractivos en forma de rendimientos reducidos.

3. **Precrisis financiera global y pinchazo (sigue en marcha el segundo gran ciclo del oro)**

- **2006-2007:** inversión sostenida antes de la gran recesión de 2008-2009.

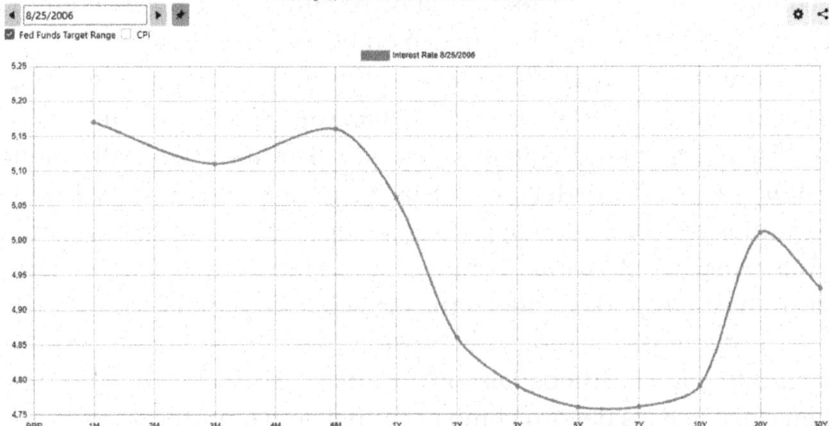

- **Contexto:** la burbuja de crédito de 2006 —y las posteriores— se produjo por el exceso de liquidez, unos tipos de interés muy bajos, una innovación financiera mal regulada y una falsa sensación de seguridad, lo que llevó a un crecimiento desmedido del endeudamiento y al auge especulativo del mercado inmobiliario y de los productos financieros derivados[18] y estructurados.

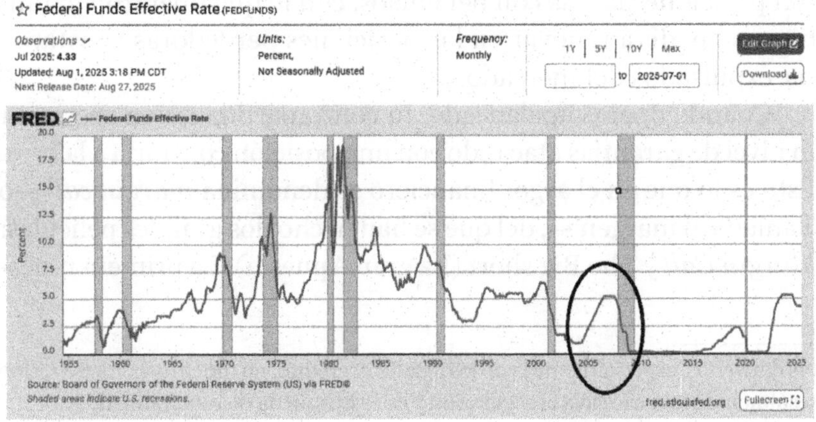

18. Los productos derivados son instrumentos financieros cuyo valor depende (se *deriva*) del precio de otro activo subyacente. La popularidad de los produc-

La Fed, comandada por Alan Greenspan, llevaba ya desde 2004 subiendo tipos de forma progresiva. En 2006 continuó ese proceso, hasta alcanzar el 5,25 por ciento en junio para enfriar la economía y tratar de moderar el *boom* inmobiliario y de crédito hipotecario que luego desembocó en la crisis *subprime*.

Durante este periodo, el oro continuó su segundo gran ciclo, iniciado en el año 2000, tras el pinchazo de la burbuja de internet.

En 2008, cuando quebró Lehman Brothers,[19] su cotización estaba en plena tendencia alcista y siguió su camino hasta los máximos de 2011, cuando el coste de oportunidad de almacenar oro se disparó. Pero analicemos el recorrido del oro desde el año 2006 hasta 2011 (segunda etapa del segundo gran ciclo).

El segundo ciclo, iniciado en el año 2000, tiene una corrección que pone a prueba las convicciones de aquellos que no tienen clara la tesis del oro como principal activo protector frente a la incertidumbre monetaria. En febrero de 2008 —y antes de la quiebra del sistema financiero—, el oro marcaba máximos en 950 dólares por onza, tras lo cual inició una corrección de más del 20 por ciento y marcó mínimos del 750 dólares.

El mercado necesitaba liquidez para hacer frente a las fuertes llamadas al margen que surgieron en un contexto de alta volatilidad e incertidumbre. Para obtenerla, muchos inversores cerraron posiciones largas con beneficios, con lo que liberaron garantías que podían renovar en las posiciones perdedoras y evitaron ser expulsados del mercado.

Cuando operas apalancado, tu contrapartida busca presionar tu nivel de garantías atacando con una posición contraria a la tuya. Esto es lo que en el argot financiero se denomina *margin call* —o 'llamada al margen'—, del que se han hecho dos grandes películas: *Margin Call* y The Big short (La gran Apuesta). La primera mues-

tos derivados, especialmente la de los ligados al crédito, no fue casual en 2007, sino resultado de una excesiva especulación y de la búsqueda de rentabilidad.

19. La quiebra de Lehman Brothers, el 15 de septiembre de 2008, fue uno de los momentos más dramáticos de la crisis financiera global y suele considerarse el punto de inflexión que transformó la crisis hipotecaria estadounidense en una crisis financiera internacional.

tra las veinticuatro horas previas al colapso financiero de 2008 dentro de un gran banco de (podría ser Goldman Sachs); en ella, un joven analista descubre que la firma está sobreexpuesta a activos tóxicos que pronto perderán todo su valor. La segunda narra cómo varios inversores detectaron la fragilidad del mercado hipotecario estadounidense antes de la crisis de 2008: al descubrir que los préstamos *subprime* eran insostenibles, apostaron contra el sistema financiero a través de derivados.

Una vez que se obtuvo parte de la liquidez necesaria para permanecer dentro del mercado financiado con miles de millones de dólares de posiciones largas de oro cerradas, el metal *hizo* un suelo relativo en los 750 dólares por onza, tras lo cual reanudó su escalada hasta la cima del segundo gran ciclo.

Fíjate en la importancia de entender bien la tesis del oro en un contexto de máxima incertidumbre y en cómo este actúa de protección frente a la misma. Un inversor novato —o incluso experimentado— habría tenido grandes tentaciones de salirse en la corrección de 2008, tras ocho años de subida en los que el oro se revalorizó desde los mínimos de 2000, cuando cotizaba a 280 dólares, hasta los máximos de 2008, con una CAGR[20] del 16,6 por ciento anual compuesto, lo cual supone doblar la inversión ini-

20. La CAGR (*compound annual growth rate*, o 'tasa de crecimiento anual compuesta') es una métrica que mide la tasa de crecimiento anual de una inver-

cial con una frecuencia de 4,3 años, aproximadamente, al aplicar la sencilla regla del 72.[21]

Sin embargo, alguien que comprendiera bien la tesis del oro y entendiera este bien como un activo cuya escasez permite proteger el patrimonio en el tiempo, habría identificado la elevada incertidumbre de los meses de 2008 como un potente catalizador. Esto le habría permitido aprovechar la oportunidad de liquidación de posiciones largas del metal para comprar más e incrementar su exposición.

En efecto, eso fue lo que ocurrió una vez que el mercado obtuvo la liquidez necesaria para recomponer las garantías que las fuertes correcciones habían erosionado.

Lo que vino después es uno de los mayores *rallys* concentrados del oro en toda su historia. Su rentabilidad pasó a ser en sólo tres años de más de un 160 por ciento, lo que supone casi triplicar su valor en nada de tiempo, algo que únicamente se había producido en determinados momentos de la historia de los ciclos del oro.

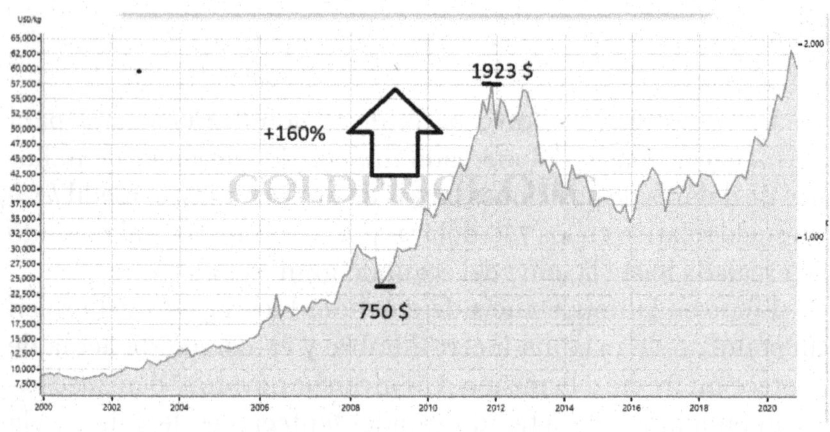

sión a lo largo de un periodo de tiempo, asumiendo la capitalización compuesta (el crecimiento se reinvierte).

CAGR = (valor final/valor inicial)1/n - 1

21. La regla del 72 es una fórmula sencilla de finanzas que se usa para estimar rápidamente cuánto tiempo tarda una inversión en duplicarse a una tasa de interés o rentabilidad compuesta dada.

Años para duplicar = 72/tipo de interés anual promedio

4. **Tercer gran ciclo: periodo postpandemia**

En el último capítulo de este manual profundizaremos en por qué considero bastante probable que nos encontremos ante el tercer gran ciclo del oro. Pero veamos qué ha sucedido ha sucedido hasta ahora:

- **2022-2024:** inversión prolongada y profunda (la más extensa en décadas), con mínimos cercanos al -1 por ciento y cifras bajo cero hasta bien entrado 2024.
- **Contexto:** subidas rápidas de tipos para frenar la inflación post-COVID-19, con expectativas de enfriamiento económico y de inflación disparadas en casi todo el mundo. La inflación anual promedio en Estados Unidos durante 2022, según el índice de precios al consumidor (CPI), fue de aproximadamente el 8,0 por ciento.

Para corregir este alarmante deterioro del poder adquisitivo del dólar, la Fed acometió la mayor subida de tipos en cuarenta y cinco años, al pasar de un rango objetivo de entre el 0 y el 0,25 por ciento en diciembre de 2021 a otro de entre el 4,25 y el 4,50 por ciento en diciembre de 2022.

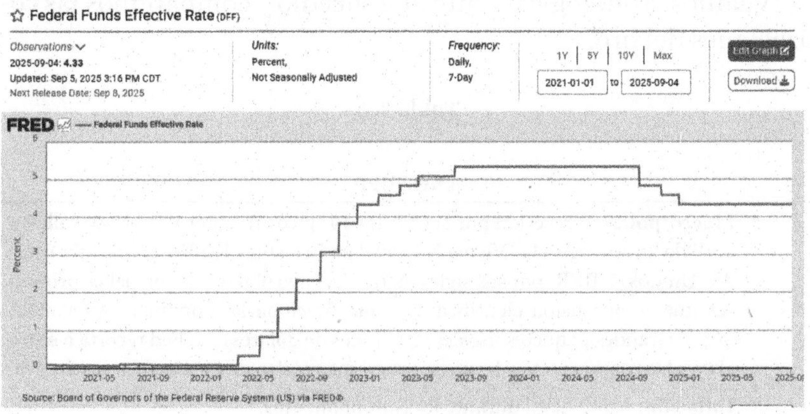

La diferencia entre el bono nominal, que vencía a diez años con respecto a su homólogo a dos, se tornó negativa, hasta niveles del -1 por ciento, una de las mayores inversiones de la curva en la historia.

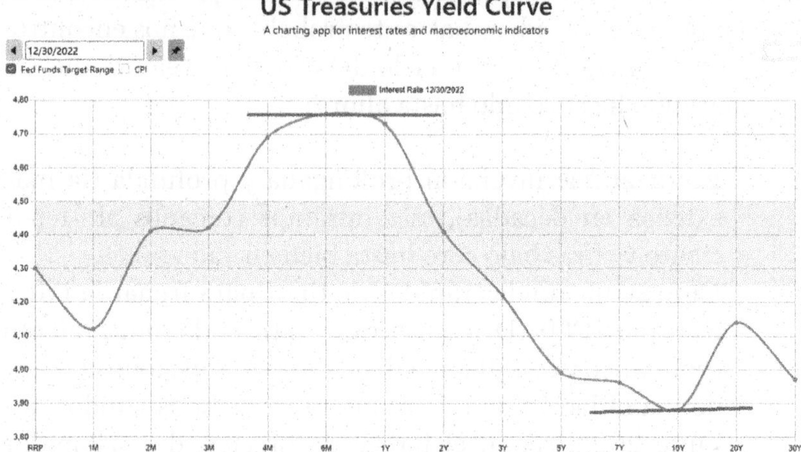

Una parte del mercado —incluido este humilde escritor— se dio cuenta en 2021 de que la vacuna del oro no estaba cotizando a precios acordes con el nivel de protección que el mercado debería exigir en una situación de curva plenamente invertida (pendiente negativa), inflación disparada y, lo más importante, déficits crónicos por parte de todos los gobiernos de este planeta.

Veamos cronológicamente qué sucedió y comparemos las cotizaciones del oro.

Tabla 4.3

AÑO 2020

- **Macro/política:** recesión por la COVID-19 (pico en febrero de 2020, valle en abril de 2020, según la Oficina Nacional de Investigación Económica de Estados Unidos (NBER, por sus siglas en inglés, cuyo objetivo principal es promover una comprensión científica de cómo funciona la economía <www.nber.org>). Grandes paquetes fiscales (2 billones de dólares). La Fed recorta a entre el 0 y el 0,25 por ciento y lanza un programa masivo de expansión cuantitativa.
- **Inflación:** baja/volátil durante los confinamientos.
- **Oro:** promedio anual → 1.771 dólares la onza (máximos históricos en agosto de 2020).

Ese año se abrió un intenso debate en redes sociales y medios de comunicación en el que me vi directamente implicado. Yo insistía —en contra del consenso general— en que nos dirigíamos hacia un escenario claro de inflación. Recuerdo que, en su momento, incluso economistas de reconocido prestigio, tanto en España como en Estados Unidos, dudaban de que las medidas de expansión cuantitativa de la Reserva Federal fuesen a generar inflación. No los culpo: los propios swaps de inflación de aquella época no anticipaban lo contrario. Sin embargo, lo tuve siempre claro y, fiel a mi costumbre, lo divulgué por tierra, mar y aire. Cuando la oferta monetaria de un indicador de liquidez tan importante como el M2 tiene una pendiente tan pronunciada, la probabilidad de que yo llevara razón estaba cantada, por eso nunca entendí la excesiva prudencia de muchos economistas que, lógicamente, fueron incapaces de anticipar los movimientos del oro.

Fíjate en el gráfico del M2 desde el confinamiento en adelante (de 2020 a hoy): sube casi 5 billones de dólares en poco más de un año, un crecimiento sin precedentes. Repito, sin precedentes. Una cobertura en esos momentos, aunque sólo fuera *por si acaso,* habría sido lo más sensato del universo.

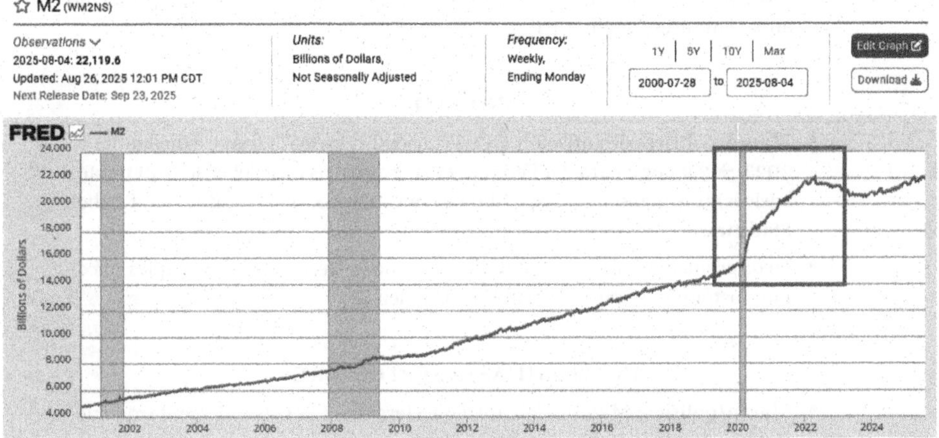

AÑO 2021

- **Macro/política:** reapertura, fuerte crecimiento. American Rescue Plan (alrededor de 1,9 billones de dólares). La Fed mantiene los tipos entre el 0 y el 0,25 por ciento, pero empieza a preparar el *taper* (del inglés *to taper,* 'reducir gradualmente').
- **Inflación:** repunta a lo largo del año, hasta el 7 por ciento, y se va a máximos de cuarenta años.
- **Oro:** promedio anual → 1.799 dólares la onza (igeramente alcista con respecto a 2020, aunque el año cerró algo más bajo), según el World Gold Council.

AÑO 2022

- **Macro/política:** inflación pico del 9,1 por ciento interanual en junio. La Fed desató el ciclo más agresivo desde los ochenta (subió de entre el 0 y el 0,25 por ciento a entre el 4,25 y el 4,50 por ciento en ese año), según el Bureau of Labor Statistics). Se confiscaron más de 300.000 millones de dólares a Rusia de cuentas en el extranjero.
- **Oro:** promedio anual → 1.800 dólares la onza (acabó prácticamente plano, pese al dólar fuerte y las subidas de tipos), según el World Gold Council.

AÑO 2023

- **Macro/política:** tensiones financieras (quiebras de SVB, Signature y First Republic) y creación del Bank Term Funding Program. La Fed aún subió algo más y mantiene una política monetaria restrictiva.
- **Inflación:** cayó desde los máximos hasta entre 3 y el 4 por ciento a final de año.
- **Oro:** promedio anual → 1.941 dólares la onza (nuevo récord de promedio anual entonces), según Invezz.

AÑO 2024

- **Macro/política:** desinflación. CPI de diciembre de 2024 frente a diciembre de 2023 → 2,9 por ciento. La Fed realizó su primer recorte del ciclo (-50 puntos básicos) tras mantener el tipo alto por más tiempo, según el Bureau of Labor Statistics.
- **Oro:** promedio anual → 2.386 dólares la onza (récord), con múltiples máximos históricos, según el World Gold Council.

AÑO 2025 (HASTA SEPTIEMBRE)

- **Macro/política:** Mercado laboral desacelerando. Las bolsas descontaron nuevos recortes de la Fed en septiembre.
- **Oro:** al entrar en septiembre, el oro alcanzaba un hito en su historia, al marcar máximos históricos ajustados por la inflación,[22] por encima de los niveles de 1980, que supuso la cota máxima de su primer gran ciclo.

No es un hecho aislado o anecdótico. Nadie que haya comprado oro desde que éste cotiza con libertad en el mercado (a partir de 1971), ha perdido poder adquisitivo JAMÁS, con independencia de en qué momento compró y siempre y cuando hubiera mantenido su compra sin vender

22. Tomando dólares constantes de 1980 y no corrientes de 2025 para eliminar la depreciación del dólar y visualizar correctamente la rentabilidad real sin distorsión.

Inflation Adjusted Gold Price, Adjusted to Today's Dollar: 4,389.45 (As of 2025-12-30)

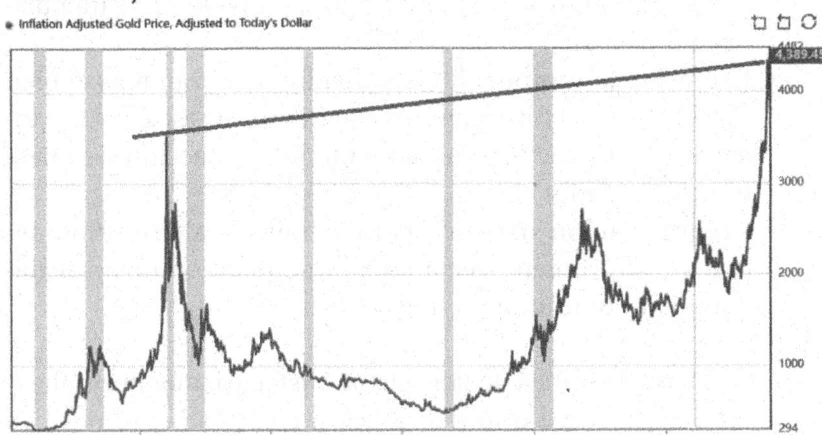

Cuando la curva es positiva

Hemos estado hablando de la curva de tipos de interés en su forma invertida, que, como ya sabemos, se da cuando los vencimientos lejanos de la tasa libre de riesgo pagan peor que los más cercanos. O, dicho de otro modo, cuando la pendiente de la curva es negativa.

Pero la gran mayoría del tiempo —y como también hemos explicado—, la curva presenta pendiente positiva, lo cual es bastante más sensato con las preferencias de un individuo cuyo tiempo es escaso. Vencimientos más lejanos pagan mejor para compensar la ausencia del bien presente como activo que satisface nuestras necesidades inmediatas.

Por tanto, la curva de tipos positiva es la situación más frecuente en la historia económica, y tiene sentido tanto desde la teoría financiera como desde la lógica de la preferencia temporal. Veamos sus características:

- **Riesgo y liquidez:** cuanto mayor es el plazo, mayor es la incertidumbre y menor es la liquidez, lo que exige una prima al inversor.
- **Preferencia temporal:** los individuos valoran más el bien presente que el futuro, porque el tiempo es escaso y no podemos posponer indefinidamente la satisfacción de nuestras necesidades.
- **Compensación natural:** para renunciar al consumo actual y comprometer recursos a largo plazo, el inversor demanda un rendimiento mayor.

Desde la óptica de la Escuela Austriaca, una normalización de la curva o una formación con pendiente positiva refleja la estructura productiva del capital: cuanto más lejanos son los proyectos, más productivos pueden llegar a ser, pero también requieren que alguien financie ese tiempo de espera.

La estructura productiva del capital es la cadena de etapas que transforma recursos en bienes de consumo en el tiempo. La curva positiva expresa y coordina esas etapas, porque asegura que los proyectos de largo plazo sólo se acometen si la sociedad está dispuesta a sacrificar consumo presente para financiarlos.

En definitiva, cuando la curva es normal y con pendiente positiva, concuerda con la ley praxeología de preferir aquello que satisface más inmediatamente nuestra necesidad: el spread entre el bono a diez años y el bono a dos tiende a ampliarse en fases de crecimiento y expansión, señal de que los inversores no temen por la economía en el corto plazo y esperan inflación o tipos más altos en el futuro; esto empuja a elevar la prima de aquellos vencimientos que están más lejos.

El comportamiento del oro en esta fase normalizada del ciclo económico depende de la percepción general que tenga el mercado sobre la etapa en la que nos encontremos. Las expectativas del comprador de oro pueden diferir de las de quien compra bonos, y esto significa que la relación no debe mirarse como puramente causal. Lo normal es que, si estamos al inicio del ciclo expansivo o en el final del periodo de depresión-recesión, el coste de oportunidad de llevar oro se incremente y, por tanto, no sea la mejor opción, pero, si nos movemos hacia el final del ciclo expansivo, como percibo que está sucediendo en la coyuntura actual, lo lógico es que parte del mercado empiece a anticipar tensiones de liquidez que disparen el apetito por el metal amarillo.

El oro puede ser un indicador más rápido que la curva de tipos de interés, porque se mueve en tiempo real con los flujos de refugio e incertidumbre. La curva de tipos, en cambio, es un indicador más sólido y estructural: cuando se invierte, la probabilidad de recesión es muy alta, aunque el aviso llegue con retraso. Lo óptimo es leer los dos indicadores juntos:

- Si el oro sube con fuerza antes de que la curva se aplane, puede estar anticipando tensiones.
- Si el oro sube mientras la curva se aplana o se invierte, refuerza la señal de que el ciclo está en cambiando casi con certeza (ésa es la coyuntura actual).

En la siguiente tabla se muestra una correlación clara y fiable entre la fase del ciclo económico, la forma de la curva de tipos y el comportamiento probable de las cotizaciones del oro.

Tabla 4.4

CURVAS DE TIPOS, CICLO ECONÓMICO Y ORO

Forma de la curva de tipos	**Ciclo eocnómico asociado**	**Comportamiento probable del oro**
Normal (positiva) (tipos largos > cortos)	Expansión económica saludable, crecimiento estable, inflación moderada.	El oro suele **perder atractivo:** los inversores prefieren activos de riesgo. Precio estable o a la baja.
Aplanándose positiva (menor pendiente pero aún positiva)	Fin de expansión / desaceleración. El banco central sube tipos para frenar la inflación.	El oro empieza a **ganar interés como cobertura** frente a la incertidumbre.

... / ...

... / ...

Plana (tipos cortos ≈ largos)	Fase de transición; incertidumbre sobre el rumbo de la economía. Puede anticipar recesión.	El oro se vuelve más **atractivo como refugio** ante el posible deterioro económico.
Invertida (**negativa**) (tipos cortos > largos)	Preludio de recesión. Expectativa de caída en la actividad y futuros recortes de tipos.	El oro suele **subir con fuerza:** mayor aversión al riesgo y tipos reales a la baja.
Aplanándose negativa (la inversión se reduce, acercándose a plana)	Inicio de salida de la recesión. Expectativas de recuperación y repuntes futuros de tipos.	El oro tiende a **mantener precios altos pero volátiles,** estabilizándose o bajando si vuelve el crecimiento sostenido.

Índices bursátiles (S&P 500, Dow Jones, Nasdaq...)

¿Qué miden?

Anticipan la valoración de las empresas y expectativas de beneficios futuros por parte del mercado.

¿Por qué son adelantados?

Los mercados financieros tienden a reaccionar a las expectativas de crecimiento económico antes de que los datos oficiales lo reflejen. En el precio, descuentan, mediante la información disponible, esas expectativas de crecimiento o no crecimiento de los beneficios empresariales.

Interpretación típica

- **Subidas sostenidas y generalizadas:** confianza y (sobreconfianza) en la expansión.

- **Caídas rápidas o mercados bajistas *(bear markets):*** preludio de crisis o recesión. Volatilidad.

Relevancia para el oro

Una caída bursátil significativa suele coincidir con flujos hacia el oro, que se percibe como activo refugio. En el próximo capítulo entraremos más en detalle la correlación del oro con los índices mundiales.

5

Indicadores retrasados de la economía y los mercados

Una vez que hemos analizado algunos de los más importantes indicadores adelantados de la economía y establecido sus correlaciones con el oro, pasamos a ver aquellos indicadores que, en lugar de predecirlas, confirman tendencias ya ocurridas en la economía y analizamos cómo estas métricas se correlacionan con el oro. Son los indicadores retrasados (*lagging indicators*), entre los que destacan los siguientes:

- La tasa de desempleo.
- La creación de nuevas nóminas.
- El producto interior bruto (PIB).
- Los tipos de interés.
- Los beneficios empresariales.
- La morosidad y los defaults rates (las tasas de impago).

Estos indicadores son clave porque influyen en la percepción del valor del oro como activo refugio frente a la incertidumbre monetaria y como cobertura contra los riesgos.

La tasa de desempleo

La tasa de desempleo mide la proporción de la fuerza laboral que se encuentra sin empleo y que busca activamente trabajo. Se calcula dividiendo el número de personas desempleadas entre la población económicamente activa (ocupados más desempleados), expresado en porcentaje:

Tasa de desempleo = desempleados/población activa x 100

Características como indicador retrasado

- Aumenta cuando las empresas empiezan a ajustar sus costes como consecuencia de ciclos recesivos y márgenes corporativos en contracción.
- Confirma el deterioro del ciclo económico, pero no lo anticipa.

Relación con el oro

Altas tasas de desempleo suelen derivar en políticas monetarias y fiscales expansivas (más liquidez, más deuda), lo que puede depreciar la moneda y aumentar la demanda de oro como cobertura frente a escenarios de incertidumbre. Por ejemplo, en 2009, tras la crisis financiera, la tasa de desempleo en EE. UU. alcanzó el 10 por ciento. Para entonces, el oro ya llevaba más de un año de subidas, pero la confirmación de la recesión con cifras de desempleo reforzó la tendencia alcista por la incertidumbre total.

La tasa de desempleo aumenta a medida que la actividad económica se desacelera (y las empresas despiden trabajadores) y disminuye cuando la economía se expande (cuando las empresas contratan más gente).

Aunque su correlación es positiva, no observo una correlación lineal clara. El oro responde más a expectativas de inflación y tipos de interés reales que directamente al desempleo. En crisis con desempleo alto (por ejemplo, entre 2008 y 2011 o durante la pandemia), el oro se disparó. Y en periodos de pleno empleo (de 2017 a 2019), el oro se mantuvo más débil hasta que aparecieron tensiones geopolíticas y monetarias.

Creación de nuevas nóminas (non-farm payrolls, NFP)

Este dato, que se publica el primer viernes de cada mes, muestra las nóminas que se crean en EE. UU. (sin incluir el sector agrícola) y tiene un impacto directo en los mercados. El oro anticipa y el NFP confirma, lo cual podría suponer un catalizador extra para el activo refugio. Pero veamos cuáles son los mecanismos de conexión causal.

- **Expectativas de tipos de interés y política monetaria:** un NFP mucho mejor de lo esperado significa una economía en crecimiento o que se recupera rápidamente, con una demanda de inversión que eleva los tipos de interés naturales y bancos centrales con pocos incentivos para establecer políticas económicas expansivas.

  El comportamiento del oro no puede determinarse sólo atendiendo al dato del NFP (en general, nunca se debe atender a un único dato aislado), pero es normal inferir poca demanda de refugio monetario si el crecimiento es natural y coincide con fases iniciales del ciclo económico. Por contra, si nos hallamos en una fase más avanzada, con recalentamiento de la economía y deterioro de la liquidez, el oro es susceptible de empezar a actuar como antídoto monetario.

  Lo relevante de nuevo es inferir como se está formando el tipo de interés real y si éste responde a un proceso firme y natural o se trata de una situación pasajera y débil.

Por el contrario, un NFP débil puede aumentar las expectativas de contracción económica y llevar al mercado a colocar los tipos reales muy por debajo de su senda natural, lo que debería provocar un aumento del antídoto monetario.

- **Fortaleza del dólar (USD):** el oro está valorado en dólares. Si el empleo en EE. UU. sorprende positivamente, el dólar tiende a fortalecerse, lo que encarece el oro para poseedores de otras monedas, con la consiguiente reducción de la demanda externa del metal. En cambio, un dólar débil hace que el oro sea más barato para inversores en otras divisas, con lo que se incrementa la demanda.
- **Inflación de segunda ronda o inflación salarial:** parte de los datos de empleo incluyen el crecimiento de los salarios promedio. Si estos crecen mucho, podrían generarse tensiones inflacionarias que redujeran los tipos reales a favor del oro.

El producto interior bruto

El PIB es el valor monetario de todos los bienes y servicios terminados producidos en un país durante un periodo específico. También es la medida más común y completa de la actividad y la salud económica general de una nación. Lo publica trimestralmente la Oficina de Análisis Económico.

El oro representa un voto de desconfianza en la economía estadounidense. Por lo tanto, debería existir una correlación negativa entre el crecimiento del PIB y el precio del oro. Cuando la economía se expande, la demanda de inversión (atraída por el carácter de refugio seguro del metal brillante) disminuye, y viceversa. Analicemos el gráfico que aparece a continuación; presenta el crecimiento nominal del PIB estadounidense y el precio del oro (seleccionamos crecimiento nominal, no real, porque lo comparamos con los precios nominales del oro).

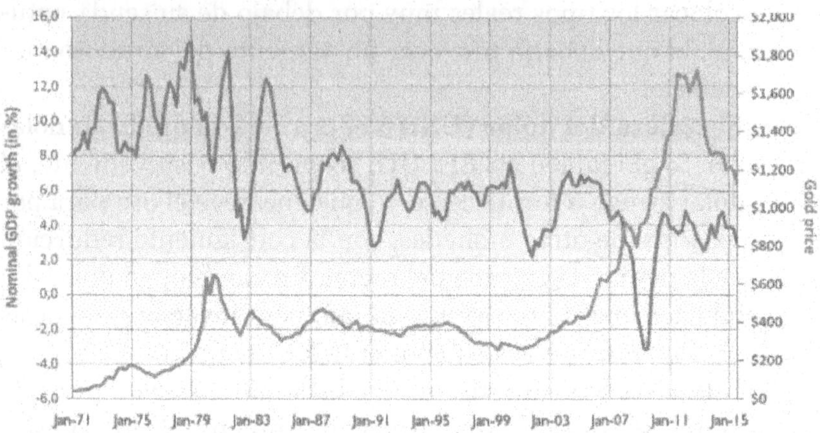

Durante la década de 1970, el precio del oro mostró una marcada tendencia alcista, mientras que el crecimiento del PIB sólo se debilitó en algunos años puntuales. En los ochenta y noventa, en cambio, la economía estadounidense mantuvo un ritmo de expansión elevado y estable, lo que coincidió con un prolongado mercado bajista del oro. En los 2000, el oro volvió a subir con fuerza, independientemente de que el PIB creciera más rápida o más lentamente. Ya en la década de 2010, el metal entró de nuevo en una fase bajista, pese a que la recuperación económica de EE. UU. resultó más bien modesta.

A primera vista, podría pensarse que no existe un vínculo claro entre la evolución del oro y el crecimiento del PIB. Sin embargo, conviene ser cautos: al observar el PIB nominal de EE. UU. en relación con el precio del oro, el panorama cambia. Este indicador muestra que la relación PIB-oro tendió a caer en los años setenta y 2000, mientras que se recuperó en los ochenta, noventa y la década de 2010, lo que refleja una correlación negativa con la cotización del oro.

Si cogemos el PIB real, podemos observar claramente que en los dos grandes ciclos del oro (1970-1980 y 2000-2012) la ratio PIB-oro corrige con fuerza, lo que establece una correlación claramente negativa (baja el PIB, sube el oro).

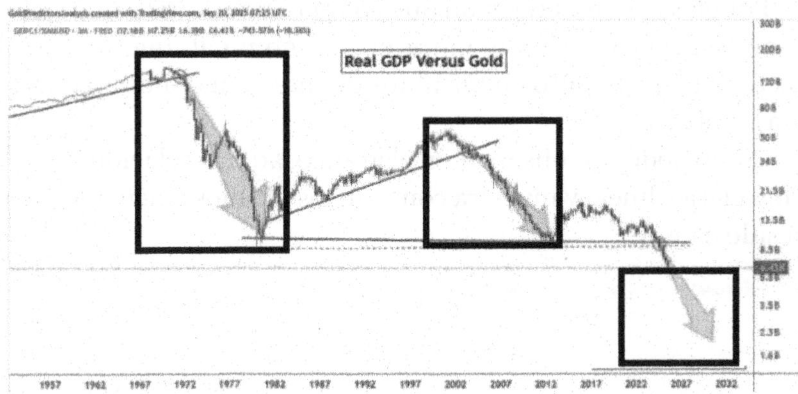

El PIB es un indicador amplio y complejo que resume la producción económica de un país. Sin embargo, para muchos inversores su valor aislado no resulta tan útil, ya que suelen centrarse más en comparaciones entre sectores o clases de activos específicos. Por ello, el impacto del crecimiento del PIB en el mercado del oro puede manifestarse de formas muy distintas. Todo depende de la dirección de la tendencia, de las fuentes que impulsen ese crecimiento (por ejemplo, cuando proviene de estímulos monetarios o de un fuerte gasto público, el oro tiende a subir) y de la manera en que la Reserva Federal responda a esos cambios. En general, una expansión económica sólida lleva a la Fed a aplicar políticas más restrictivas, y eso suele presionar a la baja al oro, salvo que se trate de un crecimiento sin creación de empleo. De hecho, esta fue una de las razones por las que, tras la Gran Recesión, la Fed mantuvo una política monetaria inusualmente laxa incluso después de junio de 2009, cuando la actividad económica ya mostraba señales de recuperación, algo que terminó siendo desfavorable para el oro.

En conclusión, existe una correlación negativa entre el precio del oro y la relación PIB-oro en EE. UU. Esto es coherente si se considera que el metal precioso funciona como un voto de desconfianza hacia la economía estadounidense y como un antídoto ante la pérdida del poder de compra del dólar. No obstante, dado que el PIB es un indicador rezagado y de naturaleza muy agregada, conviene analizar esta relación con cautela.

Por ejemplo, una relación que confiere linealidad a largo plazo podría ser la existente entre el PIB nominal, que recoge el efecto del crecimiento en términos de inflación (y no separando esta), y el oro.

Como podemos observar en el gráfico, aquí la relación es bastante clara y lineal y muestra cómo en los últimos cincuenta años ha sido causal.

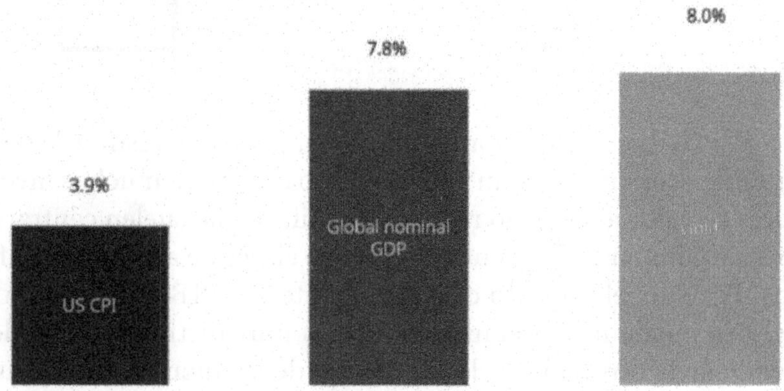

Source: Bloomberg, Federal Reserve Bank of St Louis, LBMA Gold Price PM, World Gold Council

Por ejemplo, en periodos de alta inflación —como la década de 1970— el oro y el PIB nominal crecieron rápidamente; en contraste, en etapas de estabilidad de precios —como los años 1990-2000—, la relación se suavizó.

Al representar las dos series en escala logarítmica, se observa que su evolución a largo plazo sigue una pendiente similar, lo cual respalda la hipótesis de una linealidad de tendencia más que una correspondencia coyuntural.

Esto podría llevarnos a inferir que, como mínimo, el oro seguiría apreciándose a un ritmo del 8 por ciento anualizado las próximas décadas, pero lo más importante es que rompe con el erróneo mensaje de que el oro es *sólo* una cobertura frente a la inflación. Es bastante más que eso.

Si tomamos un nivel más desagregado y medimos en términos per cápita, el peso relativo del oro sobre el ingreso mide cuántos ingresos anuales necesita un ciudadano medio para comprar una onza de oro.

Por ejemplo:

- En 1980, con un oro a 850 dólares y una renta disponible per cápita de alrededor de 10.000, el oro representaba un 8,5 % del ingreso anual.
- En 2025, con el oro a 3.670 dólares y una renta disponible per cápita de unos 66.000, el oro representó sólo un 5,5 por ciento del ingreso.

Es decir: aunque el oro vale más en dólares nominales, está *más barato* en términos de poder adquisitivo relativo.

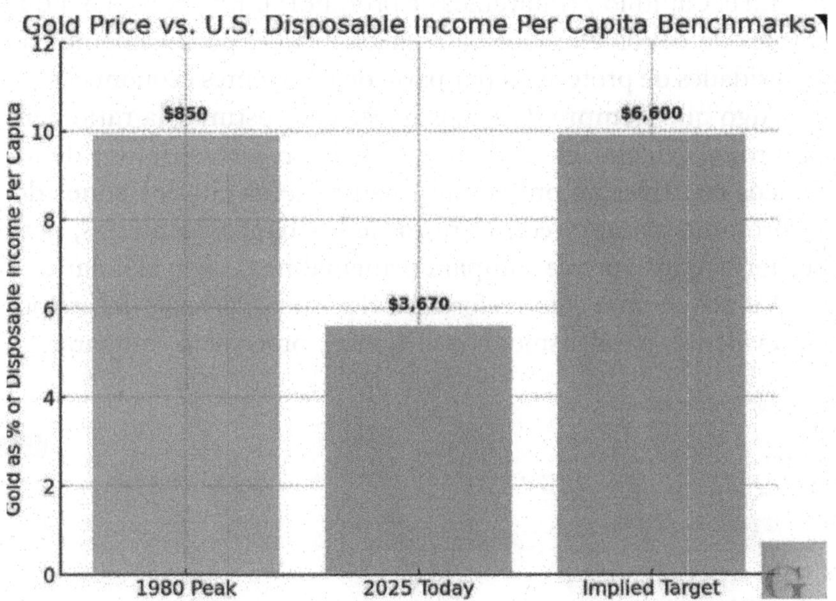

La deuda

Otro gran indicador retrasado sin el cual sería imposible establecer un análisis profundo sobre el oro lo tenemos en la deuda. La deuda es un indicador atrasado porque refleja el resultado de decisiones económicas tomadas en el pasado y reacciona con retraso con respecto al ciclo económico.

En realidad, en una economía desarrollada y dinámica, la mayoría de los intercambios son incompletos, lo que implica poner precio a las promesas de pago de la pata que falta. El problema es la distorsión sistemática y arbitraria del precio del tiempo y el tipo de interés que trata de hacer malabares para asignar el bien en el futuro sin que haya desequilibrios. Obviamente, para calcular el precio de la deuda tenemos que ser capaces de anticiparnos a las unidades de producción que una economía puede satisfacer en el futuro y, por tanto, al output real que la economía podrá generar para pagar dicha deuda, entendiendo que niveles muy por encima del output de producción futura son inflacionarios.

En el Capítulo 7 trataremos de profundizar más aún en por qué niveles de deuda elevados correlacionan muy positivamente con necesidades de protección por parte de los agentes económicos.

Algo que siempre debemos hacer para estimar la ratio deuda-oro es calcular el valor actual de las reservas de oro de los bancos centrales en onzas puesto en relación con los bonos del tesoro americano (y con el resto de los bancos centrales, pero recuerda que el oro se compara principalmente con el dólar).

Vamos a tomar como referencia el primer gran ciclo del oro por sus evidentes paralelismos con el actual y proceder a comparar:

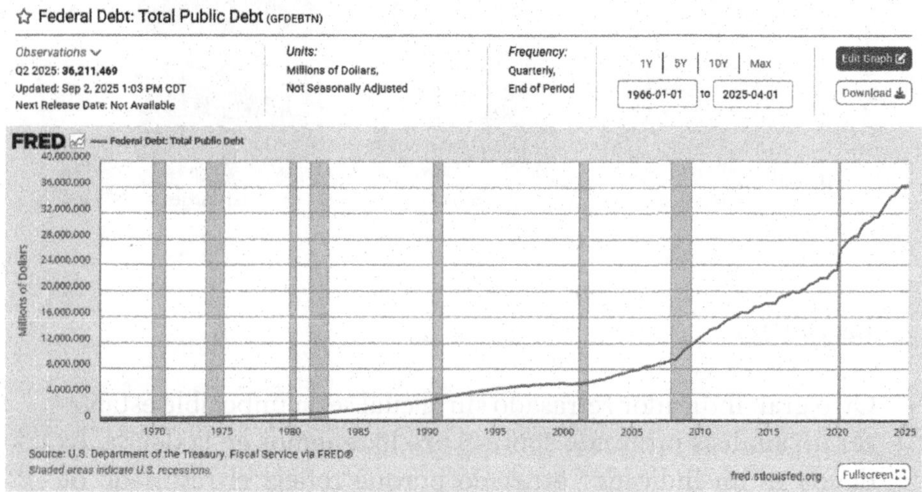

En 1980 la ratio oro-deuda fue:

- Deuda pública EE. UU. → 900.000 millones de dólares.
- Reservas de oro → 8.100 toneladas.
- Valor total de las reservas de oro → 222.000 millones de dólares (de 1980).
- Ratio oro-deuda → 25 por ciento. En otras palabras, 1 de cada 4 dólares de deuda estaba respaldado por oro en valor de mercado en ese momento.

Ahora comparemos con la situación actual para analizar y monitorizar divergencias:

- Deuda pública actual = 37 billones de dólares.
- Reservas actuales de oro: 8.100 toneladas (las mismas que en 1980).
- Valor total de las reservas de oro → 1,07 billones de dólares.
- Ratio oro/deuda → 2,7 por ciento. Esto significa que si Estados Unidos liquidara todo su oro al precio actual, sólo podría pagar el 2,7 por ciento de su deuda pública total.

Aunque el oro se ha multiplicado por cinco la deuda creció seis veces más rápido, por lo que el respaldo relativo sigue cayendo y —lo peor de todo— es sistémico y estructural.

En el gráfico podemos ver la proporción de reservas de oro americanas sobre bonos.

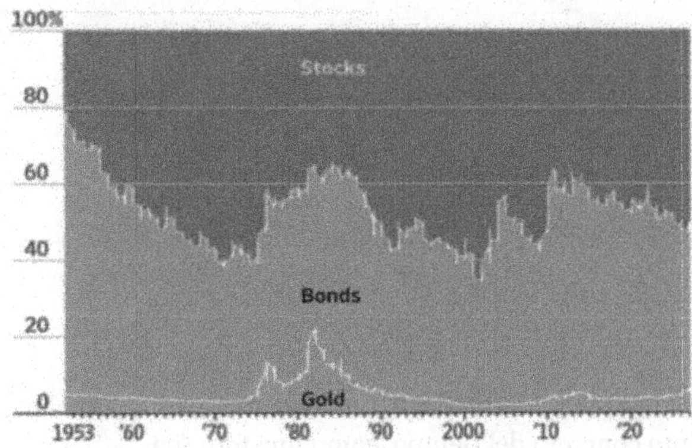

En análisis de riesgos, ciertos niveles de deuda se interpretan como un indicador adelantado de potenciales defaults si se vuelven insostenibles. Se trata de una variable del tipo *stock*[23] que es altamente relevante para nuestras decisiones de posicionamiento en oro, porque determinará los niveles de inflación esperada si esta deuda no es respaldada por la producción futura.

En el Capítulo 7 entraremos más en detalle en el muy relevante concepto de *inflación* cuando de deuda se trata y en cómo el oro se anticipa a este envilecimiento de la moneda fíat no respaldado por la producción. Pero sirve como adelanto la fuerte correlación que existe entre la deuda de EE. UU. y la cotización del oro, que como podemos observar en el gráfico, se aproxima a 1 (una correlación del cien por cien).

No podríamos entender la demanda de oro sin analizar minuciosamente el comportamiento y el crecimiento de la deuda de los Estados.

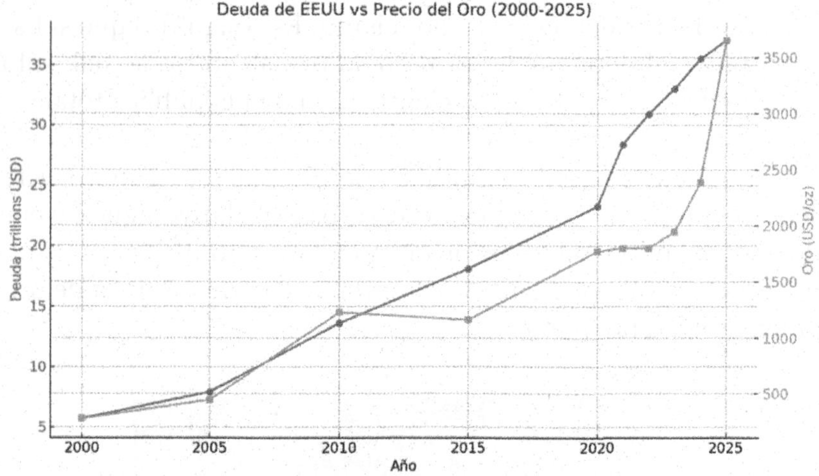

23. En economía y contabilidad, una variable *stock* es aquella que se mide en un momento concreto del tiempo, como una foto fija.

6

El oro y su comportamiento en los mercados

El comportamiento del oro en los mercados financieros no puede entenderse sin mirar atrás. Desde que, en 1971,[24] el presidente Richard Nixon rompió el vínculo entre el dólar y el oro —lo que liberó su cotización y puso fin al sistema de Bretton Woods—, este metal ha vivido ciclos de euforia y corrección, de olvido y redescubrimiento. Su precio se ha movido como un reflejo de las emociones colectivas del mercado: a veces, miedo; a veces, codicia; en ocasiones, confianza; por momentos, desconfianza. Cada década cuenta una historia distinta, pero todas comparten un hilo común: el oro siempre reaparece cuando el mundo tiene incertidumbre. Repito: incertidumbre.

Evolución desde el fin del patrón oro

Los años setenta: el despertar de un gigante dormido

Cuando el dólar dejó de ser convertible en oro, el precio oficial rondaba los 35 dólares por onza. Nadie podía imaginar entonces

24. Considero que no tiene sentido analizar correlaciones y comportamientos del oro en cualquier periodo anterior a 1971, porque el precio de éste estaba directamente intervenido.

que, menos de diez años después, ese mismo metal alcanzaría los 850 dólares, lo que supuso multiplicar su valor por veinticinco. Pero así fue. La explicación está en la tormenta económica que sacudió la década de los setenta, una tormenta que convocó a los fantasmas que más miedo dan: inflación descontrolada, crisis del petróleo, devaluaciones y desconfianza en las monedas. El mundo había pasado de un sistema monetario sólido a uno basado en las promesas de los gobiernos.

No es casualidad que la moneda fíat se depreciara contra el oro a la velocidad de la luz cuando dejó de estar *atada* al metal amarillo. El uso indiscriminado de la máquina de hacer dinero por parte de Estados Unidos fue lo que persiguió Nixon con el fin del patrón. Mientras las bolsas sufrían el impacto del estancamiento económico y la inflación (la famosa *stagflation*), el oro se transformó en refugio y símbolo de protección. Su comportamiento fue inverso al del S&P 500, que perdió valor real durante gran parte de la década. En Europa, el DAX alemán apenas se recuperaba de las heridas de la crisis del petróleo. Era un tiempo de correlación negativa: cuando las bolsas caían, el oro subía.

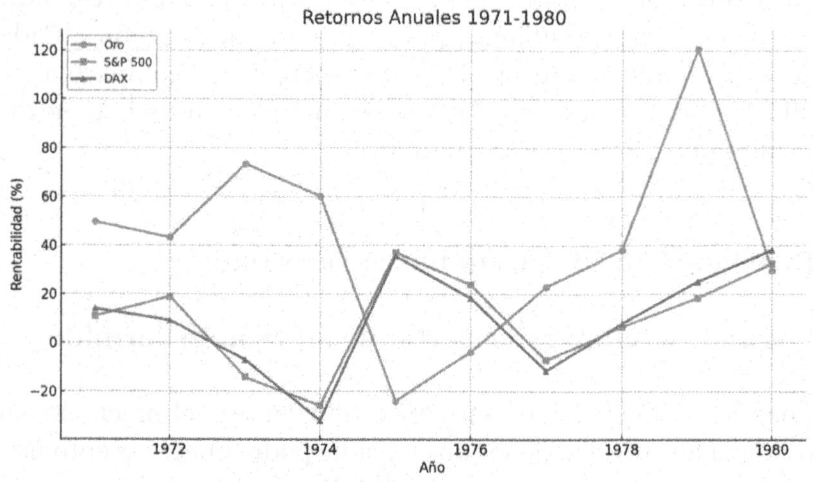

Los años ochenta: el castigo de la abundancia

Pero ningún ciclo alcista dura para siempre. En 1980, con los precios disparados, la Reserva Federal, bajo el mando de Paul Volcker, decidió poner fin a la inflación subiendo los tipos de interés hasta niveles históricos.[25] El resultado fue inmediato: el oro perdió su impulso. Más en concreto, de los 850 dólares alcanzados en 1980, cayó rápidamente a niveles de entre 400 y 500 por onza, donde se mantuvo la mayor parte de la década.

Las bolsas, por el contrario, empezaron a vivir una nueva era de expansión. En Estados Unidos, el S&P 500 creció a medida que la inflación se reducía y las empresas volvían a generar beneficios. En Europa, Alemania consolidaba su industria y el DAX se convertía en sinónimo de prosperidad.

La correlación del oro con los índices bursátiles se volvió negativa o cercana a 0: aunque las acciones subían, el metal permanecía inmóvil. Fue una década de castigo para los defensores del oro, que aprendieron que el metal, aunque eterno, no siempre es rentable.

Existen dos factores fundamentales que confluyen en la antítesis del oro:

- El coste de oportunidad.
- El fin del ciclo de deflación e indicios del inicio de la fase de recuperación.

Al final de este ciclo vimos cómo ambos confluían: llevar oro en 1980 tenía un coste de oportunidad muy elevado en términos de S&P 500, porque la relación precio-beneficios de éste se había ajustado mucho, como consecuencia de la crisis provocada por Volcker, además de acelerar el cambio de ciclo hacia la fase de depresión propia de tipos de interés en máximos históricos.

25. Esta decisión provocó una gran crisis que le costó la presidencia a Carter en favor de Reagan.

En el Capítulo 9 veremos por qué actualmente estamos lejos de esta confluencia y por qué eso nos anima a, como mínimo, mantener una proporción alta de oro en las carteras.

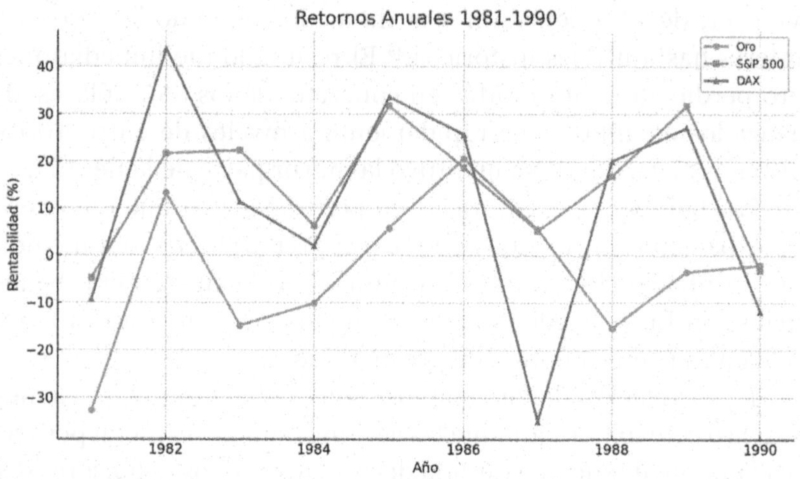

Los años noventa: el silencio del oro

Si los ochenta fueron una meseta, se podría decir que los noventa se parecieron más a una llanura interminable. En plena globalización, y con una inflación bajo control, los bancos centrales comenzaron incluso a vender parte de sus reservas de oro, convencidos de que el metal había perdido relevancia.

Durante casi diez años, el precio se mantuvo en torno a los 300 y los 400 dólares por onza, con mínimos cercanos a los 250 en 1999. El oro había dejado de interesar al gran público: los inversores estaban embriagados por las oportunidades tecnológicas, la expansión de internet y las puntocom (cuya burbuja explotaría poco después).

Mientras tanto, el S&P 500 y el DAX batían récord tras récord. La de los noventa fue una década en la que el dinero *trabajaba* en los mercados, no dormía en una caja fuerte (deflación). De este modo, la correlación entre el oro y la renta variable se tornó ligeramente negativa o nula. El mensaje del mercado era claro: el oro había pasado de moda y no se necesitaba ningún tipo de protección frente a una incertidumbre que ya no existía.

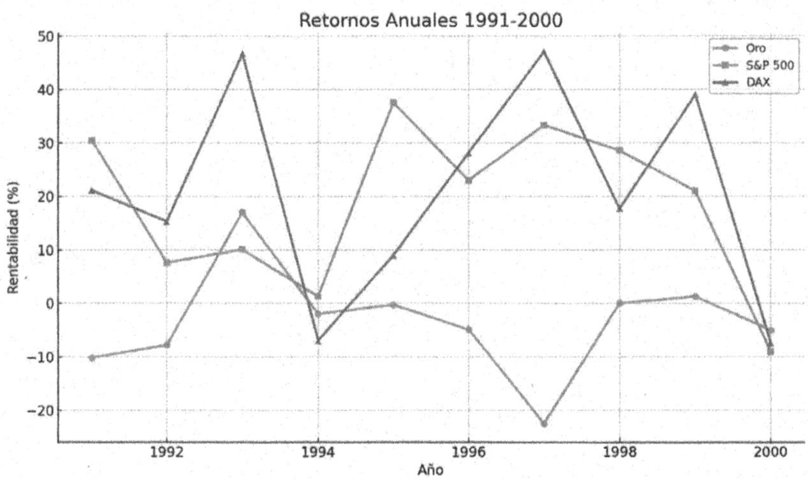

Los años 2000: el sistema purga los excesos de la década anterior y papá oro vuelve a escena

El cambio de siglo trajo consigo un importante cambio en los mercados financieros: el estallido de la burbuja tecnológica en 2000. A esto se sumaron en 2001 dos importantes hechos que contribuyeron a aumentar la incertidumbre mundial: los atentados del 11-S en Estados Unidos y la guerra de Irak.

En este contexto de inquietud, los inversores volvieron a girar su atención hacia el oro, de modo que su precio comenzó a subir año tras año. Entre 2001 y 2011, el metal dorado pasó de unos 270 dólares por onza a casi 1.900, en una de las mayores revalorizaciones de la historia moderna. Comenzaba así el segundo gran ciclo del oro.

La crisis financiera de 2008 fue el punto de inflexión. Mientras el S&P 500 se desplomaba más de un 50 por ciento y el DAX sufría su peor caída en décadas, el oro actuó como refugio por excelencia frente a una incertidumbre que ahora era máxima. Su correlación con los mercados bursátiles se volvió fuertemente negativa, y los inversores institucionales empezaron a comprar oro a través de los nuevos ETF (como el ya mencionado SPDR Gold Trust, lanzado en 2004).

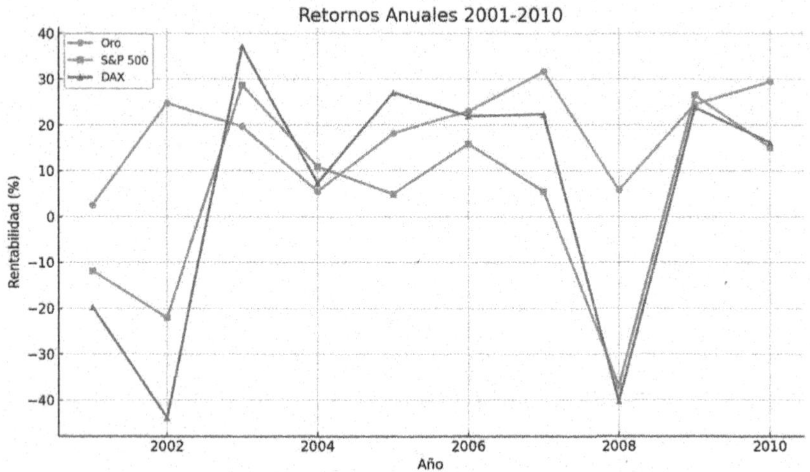

Como he indicado en el capítulo anterior, el oro también corrigió durante el gran *sell-off*[26] que se produjo en el año 2008 con la quiebra de Lehman Brothers, pero, en lugar de un cambio de ciclo, esto no fue más que una gran oportunidad de compra. Por tanto, es imprescindible que distingamos entre llamadas al margen y cambios de ciclo.

¿Desapareció la incertidumbre monetaria en el año 2008? No. Entonces, ¿por qué vender? Pues porque necesitas liquidez para renovar tus garantías y que el mercado no te expulse tras fuertes correcciones. Quien compró oro en aquella corrección lo multiplicó meses más tarde por casi 3. Era el regreso triunfal del oro como instrumento financiero global.

26. Un *sell-off* de mercado es una venta masiva y repentina de activos financieros (acciones, bonos, criptomonedas...) por parte de los inversores, lo que provoca una caída significativa en sus precios.

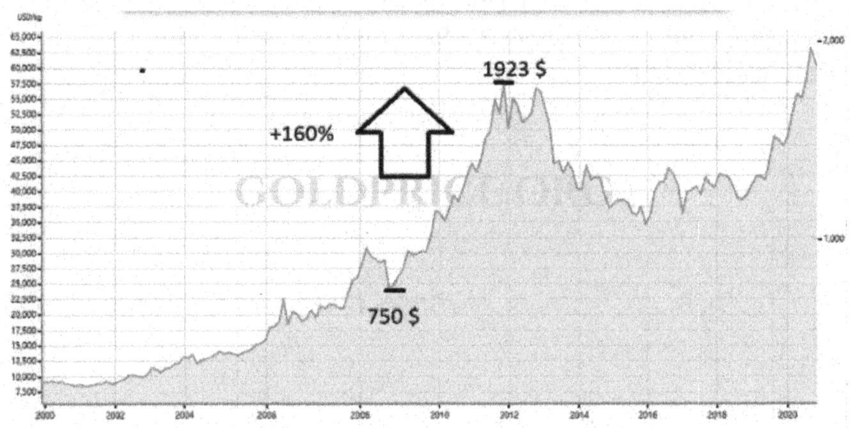

La década de 2010: del esplendor a la meseta

En 2011, el oro alcanzó un nuevo máximo histórico: 1.922 dólares por onza. El mundo aún temía una recesión y desconfiaba de la capacidad de los bancos centrales para controlar la crisis.

Sin embargo, poco a poco la economía se recuperó. Las bolsas volvieron a subir y el oro inició una larga corrección que coincidió con la vuelta de la certidumbre al mercado y los mínimos de las bolsas y del *real estate*. Entre 2013 y 2018, su precio se estabilizó entre 1.050 y 1.300 dólares, con altibajos pero sin una tendencia clara.

Una cosa es incuestionable: durante esta década, el oro perdió protagonismo frente a otros activos. Las bolsas vivían un auge prolongado, con el S&P 500 acumulando más de un 436,6 por ciento, desde los 700 puntos de 2010 hasta los 3.756 de 2020. En otras palabras, el S&P multiplicó por cinco su valor. Y el DAX también subía, hasta alcanzar máximos históricos en 2017. La correlación con el oro volvió a ser ligeramente negativa: mientras el apetito por el riesgo dominaba, el metal servía como contrapeso, pero no como motor.

Hacia el final de la década, sin embargo, algo empezó a cambiar. Los bancos centrales —sobre todo, los de Rusia, China y la India— comenzaron a comprar grandes cantidades de oro para desvincularse del dólar y protegerse frente a una guerra comercial. Sin saberlo, estaban dando el pistoletazo de salida al tercer gran ciclo del oro.

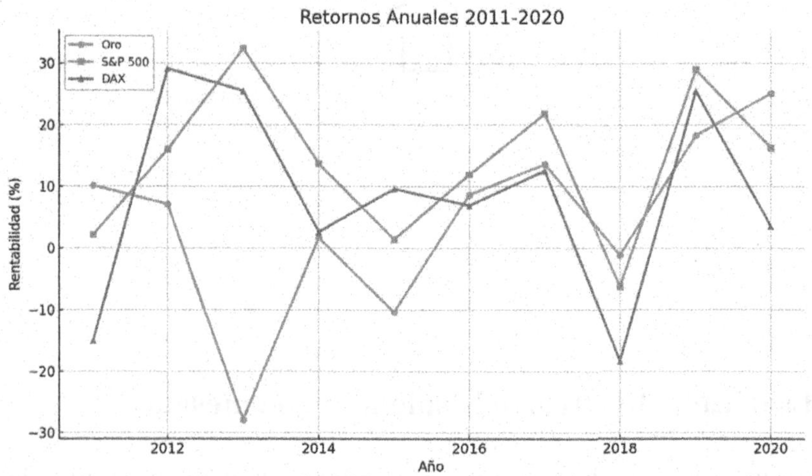

La década de 2020: pandemia, inflación y nuevos máximos

El año 2020 lo cambió todo. La pandemia paralizó el comercio global, y en marzo se hundieron las bolsas y arrastraron incluso al oro durante unas semanas.

Ahora bien, cuando los bancos centrales comenzaron a inyectar liquidez en unas cantidades sin precedentes, el oro se disparó una vez más. ¿Por qué sucedió esto? Porque, como he mencionado en diferentes ocasiones a lo largo del libro, el oro es el protector universal frente a la incertidumbre, en especial frente a la incertidumbre monetaria. Así, en agosto de 2020 superó por primera vez los 2.000 dólares por onza, otro récord nominal.

Esta mitad de la década de 2020 ha sido muy movida. Después de la crisis sanitaria, llegaron la inflación postpandemia y la guerra en Ucrania. Entre 2022 y 2024, los precios se mantuvieron fuertes, impulsados por compras históricas de bancos centrales —más de 1.000 toneladas netas sólo en 2024, según el World Gold Council— y por un renovado interés de los inversores institucionales.

El 25 por ciento de la producción mundial anual de oro empezó a ser comprada por los bancos centrales, que descubrieron que necesitan protegerse frente al monstruo que ellos mismos han creado. Me hace gracia cuando algunos dicen que las subidas del oro se producen porque los bancos centrales compran oro menospreciando el verdadero funcionamiento del mismo, como si no tuvieran balances cuyos activos se deterioran como consecuencia de la inflación que ellos mismos impulsan.

En 2025, el oro volvió a romper todos los techos y llegó a superar los 4.300 dólares por onza y los máximos anuales reales del año 1980, que tanto habían servido para criticar al metal. En otoño de 2025 se produjo algo histórico: nadie que hubiera comprado oro (sin haber vendido en ningún momento), con independencia de la fecha en la que lo hubiese hecho, estaba perdiendo poder adquisitivo frente a bienes y servicios.

Dicho de otra manera: todo el que ha comprado oro y no ha vendido se ha enriquecido.

Lo diferente y más relevante de esta etapa es que, a diferencia de lo ocurrido en las precedentes, en ella el oro y las bolsas suben a la vez: el oro, el Dax y el S&P 500 están marcando máximos históricos conjuntamente.

¿Por qué se produce esto? Porque la liquidez global, alimentada por años de tipos reales negativos y una expansión monetaria sin control, empuja todos los activos. No es que todo suba, es que la moneda fíat cae. En este contexto, la correlación del oro con las bolsas se ha vuelto positiva, algo inusual en su historia, como hemos visto en las páginas anteriores.

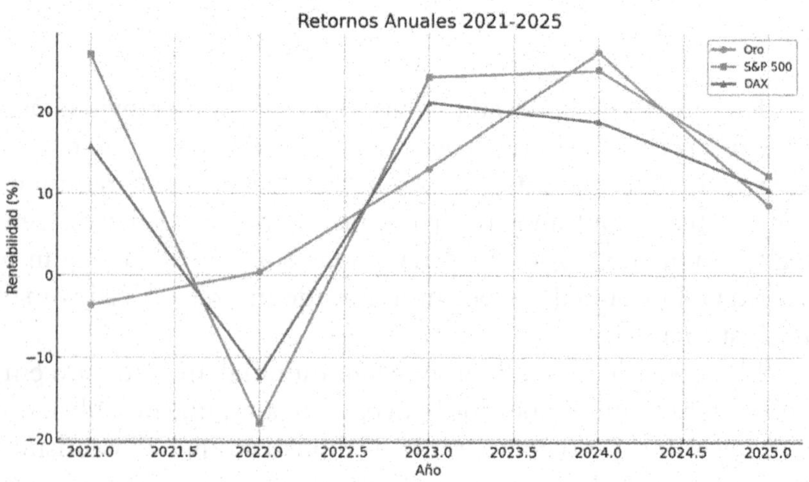

Ciclos, correlaciones y lecciones para el inversor

Mirando las series desde 1971 hasta finales del 2025, se observa que la correlación promedio entre el oro y el S&P 500 ha sido baja, cercana a 0, pero su signo cambia según el ciclo:

- En épocas de crisis (1973, 1987, 2008 y 2020), la correlación es negativa: las acciones caen y el oro sube.
- En periodos de expansión y liquidez abundante (como 2017 o 2024), la correlación se vuelve positiva porque los flujos financieros impulsan los dos mercados.

El DAX ha mostrado un patrón similar, aunque algo más sensible a la industria y al euro: en tiempos de incertidumbre global, tiende a moverse en dirección opuesta al oro. Las causas de estos movimientos son macroeconómicas:

1. **Los tipos de interés reales:** determinan el coste de oportunidad de mantener oro sin rendimiento.
2. **El valor del dólar:** suele moverse en sentido inverso al metal.
3. **La confianza en el sistema financiero:** cuando éste se debilita, el oro recupera su trono.

A lo largo de más de medio siglo, como hemos visto, el oro ha pasado de ser una reliquia del pasado a un termómetro de la estabilidad económica global. Su historia demuestra que ningún activo brilla eternamente, pero también que, cuando todo lo demás falla, el oro siempre vuelve a brillar.

El oro frente a los bonos del Tesoro estadounidense: una relación de espejos

A lo largo de la historia reciente, el oro y los bonos soberanos de Estados Unidos han mantenido una relación que podría describirse como una danza de contrapesos. Ambos son considerados refugios en tiempos de incertidumbre, pero su comportamiento suele divergir según el contexto macroeconómico y las políticas monetarias dominantes. Cuando los inversores buscan seguridad, los dos suben, pero, cuando la rentabilidad de los bonos se dispara, el oro suele perder brillo. Al menos así fue hasta 2022.

Veamos a continuación brevemente cómo ha evolucionado esta relación entre el oro y los bonos del Tesoro estadounidense a lo largo de las últimas décadas, en concreto, desde los setenta hasta la actualidad.

Los setenta: la emancipación del oro

Los rendimientos reales de los bonos del Tesoro fueron negativos durante buena parte de los años setenta, lo que impulsó al oro a multiplicar su precio en más de veinte veces (de 35 dólares la onza pasó a más de 800 en 1980).

En esta época, la correlación entre el oro y los bonos fue fuertemente negativa: cuando los bonos caían en valor real, el oro actuaba como un refugio genuino frente a la erosión monetaria y la expropiación de riqueza oculta del Estado (inflación).

Los ochenta y los noventa: el dominio del bono

La llegada de Paul Volcker a la Reserva Federal en 1979 cambió el equilibrio. Con tipos de interés superiores al 15 por ciento, los bonos volvieron a ofrecer rendimientos reales positivos y la inflación se desplomó. El oro inició entonces un ciclo bajista que duró casi dos décadas, con caídas desde los 800 dólares de 1980 a 250 en 1999. Durante este largo periodo, marcado en general por la estabilidad económica y la bonanza bursátil, la correlación entre oro y bonos se mantuvo moderadamente negativa: los inversores preferían el cupón seguro del Tesoro a la volatilidad del metal.

2000-2010: La era del refugio dual

Con el estallido de la burbuja tecnológica y, más tarde, la crisis de 2008, los dos activos volvieron a brillar. La política de tipos 0 y los programas de expansión cuantitativa de la Reserva Federal redujeron el rendimiento real de los bonos a mínimos históricos. El oro respondió con una revalorización espectacular, al pasar de 250 dólares en 2001 a más de 1900 $ en 2011. La correlación entre el oro y los bonos se volvió positiva en momentos de crisis (ambos subían cuando los mercados se hundían) y negativa durante las fases de recuperación (cuando los rendimientos subían y el oro se corregía).

2011-2020: Divergencia en un mundo de liquidez

Con la recuperación económica y el fortalecimiento del dólar, los bonos y el oro entraron en una relación de alternancia. Cuando los tipos de interés reales eran negativos, el oro encontraba soporte; cuando subían, retrocedía.

En 2018, por ejemplo, la rentabilidad del bono a diez años alcanzó el 3,2 por ciento y el oro cayó a 1.200 dólares. Pero, con el estallido de la pandemia en 2020, el rendimiento se hundió por debajo del 1 por ciento y el oro alcanzó nuevos máximos históricos, por encima de los 2.000 dólares.

Durante esta década, la correlación promedio fue levemente negativa (-0,4), lo que reforzó la idea de que los dos activos compiten por el mismo papel: la protección frente al riesgo del sistema.

Desde 2020: inflación, deuda y desconfianza

Los últimos años han redefinido la relación entre el oro y los bonos. Con la inflación disparada tras la pandemia y la guerra en Ucrania, los rendimientos nominales de los bonos subieron con fuerza, pero los rendimientos reales (ajustados por la inflación) permanecieron bajos o negativos.

Este fenómeno mantuvo al oro cerca de sus máximos históricos, en torno a los 2.400 euros por onza, incluso mientras los bonos ofrecían el mayor cupón en más de una década. La correlación se volvió más compleja y volátil: positiva en periodos de pánico financiero (cuando ambos suben como refugio) y negativa en fases de normalización monetaria (cuando los rendimientos repuntan y el oro se ajusta).

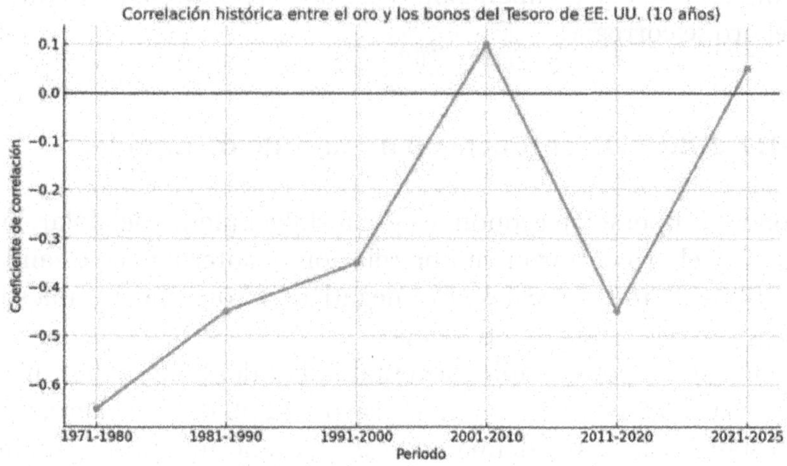

En la siguiente tabla se muestran los rendimientos promedio por década del oro y de los bonos del Tesoro estadounidense (Fuente: elaboración propia, con datos históricos de la Reserva Federal (FRED) y World Gold Council):

Tabla 6.1.

RENDIMIENTO HISTÓRICO ORO VERSUS BONOS

Periodo	Rendimiento del oro (%)	Rendimiento de los bonos (%)
1971-1980	30,5	5,4
1981-1990	-2,7	10,2
1991-2000	-0,5	6,8
2001-2010	15,3	4,9
2011-2020	2,5	2,7

Fuente: elaboración propia, con datos históricos de la Fed y World Gold Council.

Y en esta otra tabla se reflejan las correlaciones históricas entre el oro y los bonos del Tesoro estadounidense a diez años en función del contexto dominante en cada década:

Tabla 6.2.

CORRELACIÓN ORO-BONOS DEL TESORO A DIEZ AÑOS

Periodo	Contexto dominante	Correlación
1971-1980	Inflación alta, tipos reales negativos.	-0,65
1981-1990	Tipos altos, estabilidad económica.	-0,40
1991-2000	Crisis financieras, refugio dual.	0,10
2001-2010	Normalización monetaria, dólar fuerte.	-0,45
2011-2020	Inflación y deuda elevada, volatilidad macro.	Variable (de -0,2 a 0,3)

La relación entre el oro y los bonos estadounidenses no es lineal, sino cíclica. Ambos representan refugios de confianza, pero en distintos tipos de tormenta. Cuando el miedo es monetario, el oro vence; cuando el miedo es la recesión, los bonos ganan. Y cuando los dos temores conviven, los inversores tienden a repartir sus apuestas entre el metal y el papel.

Mi lectura es que el bono americano es el protector universal cuando el mercado falla, pero ¿qué pasa cuando los bonos americanos fallan? Pues que el oro protege frente al fallo de los bonos.

Los bonos americanos son la certidumbre de la incertidumbre del mercado. El oro es la certidumbre de la incertidumbre de los bonos americanos. Ergo, el oro es la certidumbre de la certidumbre.

La ruptura de 2022

Durante décadas, como hemos visto en este capítulo, el mercado ha mantenido una especie de regla no escrita: cuando los tipos de interés reales (es decir, los tipos nominales menos la inflación) caían, el oro subía. Esa lógica descansaba en la idea de que el metal no rinde cupón, por lo que, en épocas de incertidumbre, cuando aumenta la aversión al riesgo y cuando los activos que sí rinden cupón pierden atractivo, el oro lo gana. Ahora bien, en 2022 se comenzó a observar una ruptura sorprendente de esta correlación tradicional. ¿Por qué? Vamos a verlo.

En octubre de 2022, en el contexto de la guerra en Ucrania, grandes sumas de activos rusos fueron congelados o expropiados. Algunos análisis hablan de cifras superiores a los 300.000 millones de dólares. Rusia dirigió entonces flujos hacia el oro, mientras la economía global se enfrentaba a un rebrote de la inflación, a tipos de interés al alza y a un dólar fuerte. Esta situación generó un escenario en el que coexistían tipos reales aún no tan negativos con un fuerte repunte del oro, con lo que se rompió la esperanza de una correlación simple entre los tipos reales y la cotización del oro.

El cambio que se produjo fue doble. Primero, los bancos centrales empezaron a subir los tipos de interés de manera agresiva (especialmente en Estados Unidos) y los rendimientos reales comenzaron a moverse al alza. Y segundo, la demanda de oro se vio impulsada no sólo por los tipos negativos, sino por motivos geopolíticos, por las compras de los bancos centrales (entre ellos, los de Rusia y China) y por la búsqueda de un refugio alternativo al dólar. En consecuencia, el oro se valorizó en un entorno donde los tipos reales no estaban en mínimos históricos negativos, lo que sugiere que otros factores empezaron a dominar la ecuación.

Para el inversor, la lección es clara: no basta con mirar sólo los tipos reales para anticipar el comportamiento del oro. Desde 2022, las compras soberanas, las sanciones internacionales, la diversificación de reservas y la sustitución parcial del dólar como moneda de reserva se han convertido también en variables con peso propio.

Gráfico: evolución del precio del oro frente a los tipos reales de EE. UU. (2015-2025). Se observa la ruptura de la correlación tradicional desde 2022 tras las sanciones internacionales y el nuevo entorno geopolítico.

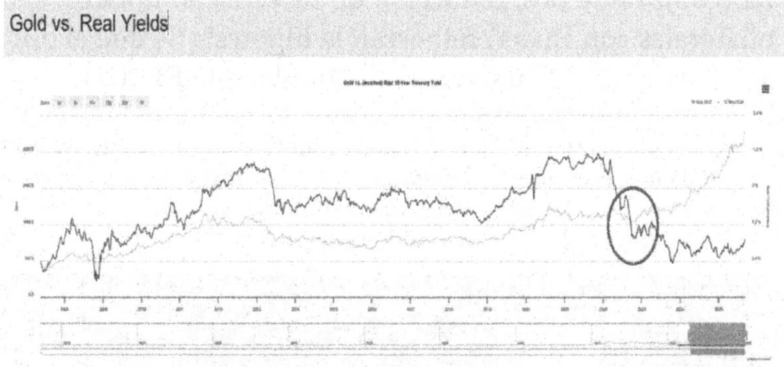

China: un nuevo patrón

En paralelo a la ruptura anterior, surgió un nuevo patrón: la cotización del oro parece estar ajustándose cada vez más al comportamiento del tipo real chino. China, consciente de su tamaño económico y del interés estratégico en la diversificación de reservas, ha incrementado significativamente sus compras de oro (por ejemplo, se hizo con 80,1 toneladas en julio de 2022). En este contexto, cuando los tipos reales en China (ya sea mediante la política monetaria, la inflación subyacente o la gestión del yuan) caen, el oro gana terreno. La lógica es que los inversores globales ya no ven sólo el dólar estadounidense como el centro relevante, sino que consideran también la dinámica de China como indicador adelantado de la inflación mundial, la demanda de materias primas y el flujo de capitales.

Así, la correlación oro vs. tipo real chino se ha vuelto más fiable en algunos periodos recientes: cuando China reduce tipos reales o anticipa una política más expansiva, el oro tiende a predecirlo como si de un termómetro se tratase. Esta relación ofrece al inversor una ventana adicional de análisis: ya no sólo se fija en la política de la Reserva Federal, sino también en la del Banco Popular de China y su efecto global.

Cabe señalar que, aunque la literatura aún es incipiente en este aspecto, los movimientos estructurales que implican a China (compra de oro, reducción de reservas en dólares, acuerdos bilaterales con Rusia) refuerzan la hipótesis de que el oro ahora late al ritmo de un universo más amplio que EE. UU.

Gráfico: correlación del oro con el tipo real de China (2020-2025). Los movimientos de política monetaria china y la acumulación de oro en reservas tienden a anticipar las subidas del metal.

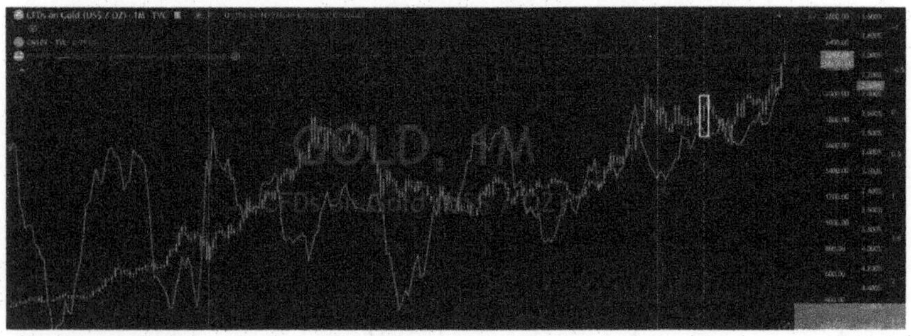

Correlación del oro con el petróleo y el resto de materias primas

El cruce entre el oro y el petróleo es tradicionalmente uno de los análisis habituales en los mercados de materias primas. Existen evidencias de que la mayoría del tiempo estos dos activos presentan una correlación positiva, pero puede variar sustancialmente según el contexto.

Estudios recientes muestran que durante más del 60 por ciento del tiempo existe una relación directa entre el oro y los precios del crudo. El mecanismo más aceptado es el siguiente:

1. Cuando el petróleo sube, genera presiones inflacionarias, lo que implica mayores costes energéticos y efectos de segundo orden en bienes y servicios.

2. Los inversores anticipan la inflación o depreciación del poder adquisitivo de las monedas.
3. El oro actúa como protección y sube también. A su vez, un dólar débil favorece simultáneamente al oro y al petróleo. Por ello, en fases expansivas globales y con demanda de energía acelerada, oro y crudo pueden moverse al alza juntos.

Hay estudios —como «Visualizing the Gold-to-Oil Ratio (1946-2024)»— que muestran cómo la razón oro-petróleo ha pasado de alrededor de entre 10 y 20 en décadas anteriores a en torno a 30 o más en los últimos años. Sin embargo, la relación no es estable: en momentos de *shock* energético (como la caída del petróleo entre 2014 y 2016) o de recesión global, el vínculo puede debilitarse o incluso invertirse. El estudio «The Protective Nature of Gold During Times of Oil Price Volatility: An Analysis of the COVID-19 Pandemic» (<pmc.ncbi.nlm.nih.gov/articles/PMC10242154/?utm_source=chatgpt.com>), realizado en el periodo 2006-2021, halló que el oro, en situaciones de alta volatilidad del petróleo, actuó más como un refugio que como un activo que replicaba el crudo.

Para el inversor, esto significa que la razón oro-petróleo puede servir como indicador adelantado de riesgos inflacionarios o desajustes energéticos, pero no debe tomarse como correlación fija. La interpretación debe incluir también variables como el dólar, el tipo real de interés, la especulación en el crudo y la política energética.

Más allá del crudo, el oro está vinculado con una cesta amplia de materias primas: industriales (cobre, aluminio), agrícolas (trigo, maíz) y energéticas (gas, carbón). Aunque la correlación en cada categoría varía, existe un patrón estructural relevante: cuando las materias primas en su conjunto experimentan un *rally* por demanda global o inflación de costes, el oro tiende a reflejar este empuje, al menos parcialmente.

El uso de índices como S&P GSCI (que incluye la energía, los metales y la agricultura) permite observar cómo la subida de materias primas puede coincidir con un repunte del oro. Diversas investigaciones señalan que la *financiarización* de las materias primas (es decir, su uso creciente como inversión, no sólo como insumo productivo) amplifica esta correlación.[27]

En particular, cuando la inflación global al alza (impulsada por materias primas) coincide con una política monetaria expansiva, el oro actúa como refugio y reserva de valor. Pero en fases de desinflación de materias primas o exceso de oferta (como entre 2014 y 2016 para los metales o la energía), la correlación puede disminuir o incluso invertirse.

Gráfico: correlaciones del oro con el petróleo brent y el índice global de materias primas (2010-2025).

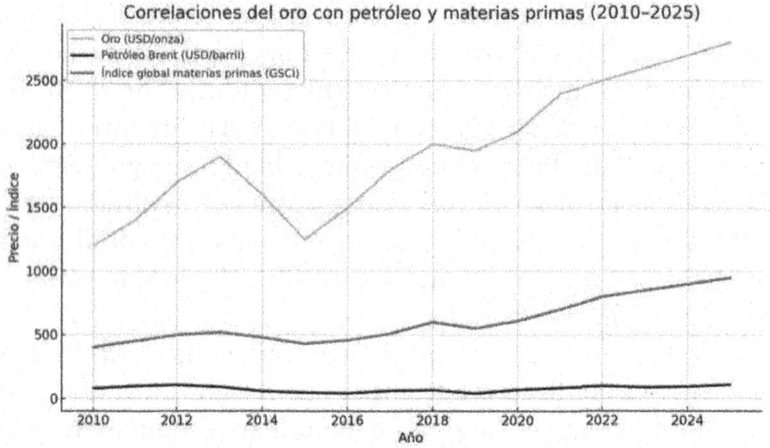

Para el inversor, por tanto, la clave está en ver el oro no sólo como un activo inflacionario puro, sino como parte de un sistema más amplio de materias primas y flujos globales de liquidez. La inclusión del oro en una cartera como cobertura debería tener en cuenta no sólo los tipos o la inflación, sino también el comportamiento de la demanda y oferta de materias primas.

27. Por ejemplo, el estudio «Gold, Oil, and Stocks: Dynamic Correlations», publicado en EconStor, muestra vínculos cambiantes entre oro, materias primas y mercados de capitales.

7

Oro, deuda e inflación

En el capítulo anterior hemos visto la correlación entre el oro y los mercados. Hemos entendido, entre otras cosas, cómo el oro ha sido y sigue siendo un valor refugio, especialmente en épocas de gran inestabilidad o incertidumbre. Y, puesto que se trata de un protector, sería lógico preguntarse si, a lo largo de las últimas décadas, también ha existido una correlación entre el oro y la inflación. ¿Ha subido su valor siempre que la inflación ha sido alta? ¿Ha bajado en épocas en que la inflación ha sido baja?

Como veremos en este capítulo, no siempre se ha dado una relación tan directa ni tan clara. Ha habido momentos, como al final del primer gran ciclo del oro, en 1980, en que la inflación ha sido alta y el oro, en cambio, ha bajado. ¿Por qué? Porque lo que valora el mercado cuando compra oro no es tanto el hecho de que haya inflación como que los bancos centrales sean incapaces de corregirla, bien porque tienen las manos atadas, bien porque los presidentes tendrían que tomar medidas drásticas sobre los tipos de interés que serían impopulares y supondrían un coste político muy elevado para ellos. En esos casos, el mercado trata de protegerse frente a la incapacidad de vencer a esa inflación. Repito, el mercado valora en el oro la incapacidad, ya sea voluntaria o deliberada, que los bancos centrales poseen para corregir la inflación.

A lo largo del capítulo veremos también la correlación que se ha dado, desde el final del tratado de Bretton Woods, en 1971, entre la deuda pública y el precio del oro. Te adelanto que, como no puede ser de otra manera, el aumento de la deuda ha supuesto también un crecimiento en el precio del oro. No obstante, veremos el comportamiento en cada ciclo de deuda, en especial en aquellos que han venido acompañados de inflación, ya que es posible que la deuda crezca y no haya inflación porque la deuda está respaldada por bienes futuros. O, dicho de otra manera, que haya un número parecido de billetes persiguiendo bienes y servicios a futuro.

Para empezar, veremos cómo funciona la deuda pública, cuáles han sido desde 1971 los ciclos de deuda, sobre todo en Estados Unidos, y qué ha hecho el precio del oro en esos ciclos.

¿Qué pasa con el oro cuando los Estados aumentan su deuda?

Para responder a esta pregunta, primero necesitamos entender qué es la deuda pública —o deuda soberana—. Se podría definir como el conjunto de obligaciones financieras que tiene un Estado con sus acreedores. En términos sencillos: es el dinero que el Gobierno ha pedido prestado y todavía no ha devuelto (y que nunca va a devolver), al menos en cuanto al principal se refiere, pues éste siempre se refinancia o enrola.

Los acreedores pueden ser:

1. Inversores nacionales (bancos, fondos, ahorradores).
2. Inversores extranjeros.
3. Organismos internacionales (FMI, Banco Mundial...).

A cambio de prestar dinero al Estado, estos acreedores reciben títulos de deuda (bonos, letras, obligaciones) y un interés pactado. En esencia, son promesas de pago o compromisos de pago futuros.

Para comparar países y épocas, se usa casi siempre el porcentaje del PIB que representa el total de la deuda. Por ejemplo, si un país tiene una deuda del 50 por ciento del PIB, significa que debe una cantidad equivalente a la riqueza que produce durante medio año. El FMI y otros organismos publican series de deuda pública para casi todos los países del mundo.

Los Estados, lógicamente, se endeudan porque necesitan más dinero del que tienen. Pero es importante saber para qué lo quieren, pues hay objetivos más productivos y saludables que otros, desde el punto de vista de un inversor. No es lo mismo que se endeude para financiar inversiones productivas, como infraestructuras, educación, sanidad o medidas de transición energética, que para cubrir déficits estructurales, es decir, aquellos que genera un Estado cuando gasta crónicamente más de lo que ingresa. O, por ejemplo, para responder a crisis como guerras, pandemias, rescates bancarios o recesiones. Endeudarse no es malo, siempre que esa deuda esté respaldada con producción futura; de lo contrario, el nivel de deuda deja de ser sostenible y los mercados empiezan a dudar de la capacidad del Estado para pagar intereses y devolver el principal sin recurrir a la inflación, la devaluación o el impago, que es a menudo lo que suele suceder.

Inflación y tipos de interés

Necesitamos entender otros dos conceptos asociados antes de pasar a ver la relación entre oro y deuda: inflación y tipos de interés.

Desde que el ser humano utiliza dinero —entendiendo siempre la deuda como dinero—, existe una tensión permanente entre el valor real de las cosas y el valor nominal de la moneda. Esa tensión se llama *inflación*.

A lo largo de mi carrera profesional, he detectado que muchos no distinguen entre *interés nominal* e *interés real*, y lo que es más preocupante, no entienden la diferencia entre *valor nominal* y *valor real*. Básicamente, podemos definir el valor nominal como las unidades monetarias y su valor real como la capacidad de compra que esas unidades monetarias tienen. Por eso el valor nominal se expresa en unidades monetarias corrientes, porque reflejan el valor de la moneda en cada momento sin ajustar por la inflación. En cambio, cuando hablamos de unidades *monetarias constantes*, lo que hacemos es fijar el poder adquisitivo de la moneda a lo largo del tiempo. Es decir, expresamos el valor real descontando el efecto de la inflación. Sobra decir que el interés que debemos usar siempre —y el que tiene en cuenta el mercado— es el tipo de interés real. Por favor, si este libro sirve para algo, que sirva para que te olvides de una vez y para siempre del tipo de interés nominal. Usa siempre el tipo real para tus cálculos sobre proyectos.

Como ya hemos visto, la inflación es el aumento generalizado y sostenido de los precios, como consecuencia de un incremento de la oferta monetaria por encima de la producción que esta oferta puede respaldar.

Un ejemplo sencillo: si hace unos años un café costaba 1 euro y ahora cuesta 1,5, ese aumento de precio es un cambio relativo del precio, pero, si se produce un incremento generalizado de todos los bienes y servicios, entonces estamos ante una pérdida del poder adquisitivo de la moneda. Los precios suben porque necesitas más unidades monetarias en valor nominal para adquirir bienes y servicios.

¿Por qué suben los precios?

Porque la escasez relativa de la producción de una economía es mayor que la de la moneda con la que se intercambia, de modo que hay más dinero persiguiendo una cantidad relativamente menor de bienes y servicios. Como ves, todo gira en torno al concepto mengeriano de la santa escasez.

Las causas pueden ser múltiples:

1. Alta demanda.
2. Aumento de costes (energía, salarios, materias primas...).
3. Problemas de oferta (guerras, pandemias, interrupciones logísticas).

4. Una política monetaria expansiva (creación abundante de dinero).
5. Una política fiscal expansiva (gasto público muy elevado que se financia con deuda).

Todas tienen un mismo efecto: presión sobre los precios y pérdida de valor de la moneda.

¿Y por qué la inflación nos preocupa tanto? Pues porque reduce nuestro poder adquisitivo, desincentiva el ahorro y erosiona la confianza en la moneda. Para mí, el principal problema de la inflación es que induce a error en el cálculo económico. Como saben, aproximadamente el 97 por ciento de lo que circula en nuestra economía son promesas de pago, y para valorar esas promesas en relación con el momento presente necesitamos una unidad de cuenta cuyo valor sea estable. De lo contrario, resulta muy fácil errar en el cálculo de equivalencias intertemporales, y muchos proyectos acaban asignando recursos de forma ineficiente.

La inflación distorsiona las señales que proporciona el sistema de precios, de modo que decisiones que parecen rentables en términos nominales pueden no serlo en términos reales. El resultado es una mala coordinación entre ahorro, inversión y consumo que empobrece a la sociedad. Es como si utilizáramos un metro defectuoso para medir una casa y confeccionar su plano: si el metro mide mal las rectas, la construcción posterior será necesariamente defectuosa, aunque los planos se elaboren con rigor.

Por otra parte, los tipos de interés son el coste de la deuda. Cuando el mercado o los bancos centrales suben el tipo de interés, lo que en realidad consiguen es subir el precio del futuro, lo que provoca que prometer sea más caro. Como es obvio, el efecto de ello es una contracción del crédito, lo cual hace que la economía se enfríe, los precios crezcan menos y la inflación tienda a bajar. En cambio, cuando los tipos de interés caen, prometer sale más barato, y eso favorece la inversión y el consumo, que el dinero circule más rápido y que la inflación (pérdida del valor de la moneda) se incremente.

Un concepto añadido, y también importante para entender el papel del oro, es el de los *tipos reales*. Como ya hemos explicado en capítulos anteriores, el tipo de interés real es el tipo nominal menos la inflación. Por ejemplo, si el tipo nominal es del 2 por ciento y la inflación es del 5 por ciento, el tipo real es del -3 por ciento. Es decir, te roban el ahorro vía inflación. Los tipos de interés reales negativos son, históricamente, el mayor aliado del oro, porque cuando el dinero en el banco pierde poder adquisitivo, los inversores buscan activos que no dependan de la moneda. Y el oro suele ser el primero de la lista.

Aunque ya lo he comentado a lo largo del libro, me gustaría que el lector sufriera una metamorfosis con respecto al entendimiento del concepto de inflación. Éste es una agresión al individuo: al robarte el tipo de interés, lo que te confiscan es tu tiempo. Secuestran tu vida.

La deuda desde la perspectiva de la Escuela Austriaca

La Escuela Austriaca de Economía, con la que me siento muy alineado, siempre ha tenido una visión crítica sobre la deuda, el dinero fiduciario y el papel de los bancos centrales. Su enfoque parte de una premisa muy simple, pero radical: el valor del dinero, como el valor de cualquier bien, nace del mercado, no del Estado, y cuando los gobiernos manipulan ese valor, ya sea creando dinero, fijando tipos de interés artificialmente bajos o expandiendo la deuda sin respaldo real, aparecen distorsiones.

Varios autores han hablado sobre esto. Según Carl Menger, fundador de la escuela, el valor del dinero depende de su capacidad para preservar poder adquisitivo en el tiempo. Cuando el Estado emite deuda y la monetiza (es decir, financia con creación monetaria), rompe la relación entre dinero y valor real, altera los precios relativos, distorsiona el sistema de capital y genera ciclos artificiales de auge y caída. Para Menger, endeudarse más allá del ahorro real disponible es una alteración profunda del orden económico.

Por su parte, Eduard Chancellor[28] ofrece una visión moderna del pensamiento austriaco, especialmente en relación con los tipos de interés. Su argumento central es simple, pero decisivo: el tipo de interés es el precio del tiempo, y cuando ese precio se manipula, el sistema económico cae. Chancellor demuestra que, cuando los bancos centrales bajan artificialmente los tipos, los gobiernos pueden endeudarse sin coste, los inversores asumen más riesgo del que deberían, se genera una sobrevaloración generalizada de activos y se fomenta el endeudamiento estructural. En otras palabras: los tipos bajos hacen que la deuda aumente y la confianza en ésta caiga. Pero no sólo eso: el tiempo se vuelve gratis y la disciplina desaparece (se pierde el respeto por el riesgo). Si el interés es el precio del tiempo y ese precio cae a 0, el futuro deja de tener valor. Se premia el gasto presente, se castiga el ahorro y se empuja al sistema hacia una expansión artificial.

Dicho de otra forma, cuando los tipos son falsos, la economía deja de enviar señales correctas.

Y una economía que no percibe el paso del tiempo acaba acumulando niveles de deuda insostenibles porque la percepción del riesgo se anula.

El economista argentino Carlos Bondone es uno de los autores contemporáneos que más me gustan porque es el que mejor ha sabido relacionar deuda pública, dinero fiduciario e inflación desde la perspectiva de la Escuela Austriaca. Su punto de partida es contundente: todo dinero fiduciario es deuda. No es un activo: es una promesa. Un pasivo del Estado que no está respaldado por nada más que confianza. Para Bondone, el Estado promete devolver valor a través de sus monedas, pero emite más dinero que riqueza produce. Eso convierte a la moneda en una forma de deuda que nunca puede repagarse sin inflación. Por eso, sostiene que la inflación no es una subida de precios, sino una pérdida del

28. Edward Chancellor es un destacado historiador financiero británico, periodista y estratega de inversiones. Es uno de los autores más respetados en el mundo de las finanzas. Recomiendo la lectura de sus libros *Rendimientos del capital* y *El precio del tiempo*.

valor de la moneda causada por exceso de deuda estatal y déficit fiscal.

Podemos resumir el enfoque austriaco en cuatro grandes ideas:

1. **La deuda excesiva no surge del mercado, sino de la manipulación del dinero:** cuando el Estado controla el dinero, puede crear crédito sin ahorro previo, puede gastar por encima de su capacidad y puede esconder el coste real mediante inflación.
2. **Los tipos artificialmente bajos generan burbujas y mala inversión (malinvestment):** si el dinero es barato, se invierte en proyectos que nunca deberían existir. Deuda pública y privada crecen de forma simultánea y se pierde el respeto por el riesgo.
3. **Cuando la deuda crece más rápido que la riqueza, el sistema se vuelve inestable:** la deuda no es neutral o inocua. Y la deuda excesiva siempre requiere un ajuste que da lugar a crisis, inflación, recesión o pérdida de valor de la moneda.
4. **El oro es un ancla de valor y fomenta la disciplina del sistema:** el oro es la frontera natural contra el endeudamiento ilimitado. Mientras que la moneda fiduciaria permite endeudarse sin límite real, el oro marca un límite físico y psicológico porque no puede producirse a voluntad. El oro fomenta así la disciplina. No es sólo un activo real (sin riesgo de contraparte), sino la última defensa frente a la manipulación del dinero y del tiempo.

Correlación histórica entre el oro y la deuda pública

Como comentábamos, en 1971 Estados Unidos rompe definitivamente con el sistema de Bretton Woods y deja de convertir dólares en oro a un tipo fijo. A partir de ahí, la divisa norteamericana pasa a ser dinero *puro papel* y el oro se convierte en un activo que cotiza libremente en el mercado. En paralelo, la deuda pública estadounidense ronda los 375.000 millones de dólares, con una ratio deuda-PIB de entre el 27 y el 35 por ciento.

Desde entonces, la deuda —tanto la americana como la total del planeta— ha subido hasta niveles estratosféricos. Hoy, a escala global supera los 120 billones de dólares, y, según estimaciones del International Monetary Fund, podría alcanzar hacia 2030 niveles cercanos al cien por cien del PIB mundial. Al mismo tiempo, el oro ha pasado de los 35 dólares de los 70 a medias anuales por encima de los 3.000 dólares por onza en 2025, con máximos históricos cercanos a los 4.500 dólares.

La pregunta obvia es: ¿existe una relación entre el aumento de la deuda y el del precio del oro? La respuesta también lo es: sí, fíjate en el siguiente gráfico:

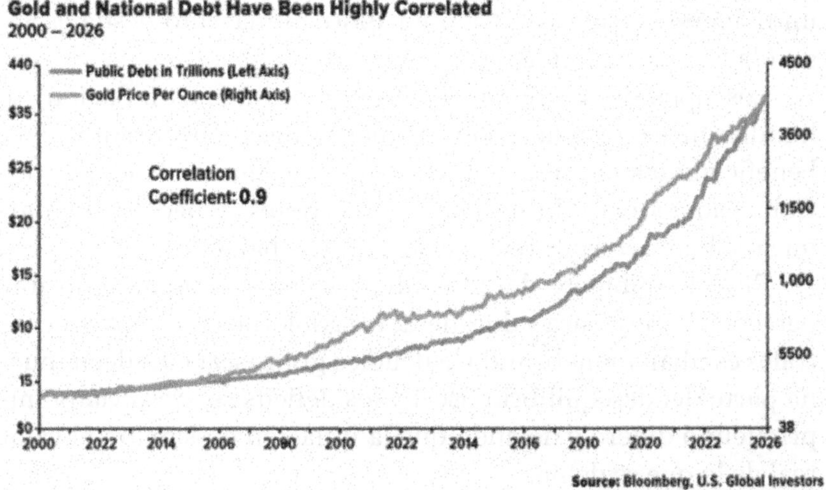

Ahora que ya tenemos claro qué es la deuda, qué es la inflación y qué son los tipos de interés, vamos a ver su relación década a década con nuestro protagonista, el oro.

Años setenta: inflación, crisis y primer gran despegue del oro

En 1971, con el famoso «Nixon Shock», Estados Unidos rompió definitivamente la última atadura que quedaba del patrón oro. Richard Nixon cerró la «ventana del oro», poniendo fin a la convertibilidad directa del dólar en metal precioso a 35 dólares la onza. De repente, el oro quedó liberado y empezó a cotizar libremente en el mercado, mientras el dólar y el resto de las monedas fiat flotaban sin ancla física.

Lo que siguió fue la tormenta perfecta:

Dos brutales crisis del petróleo (1973 y 1979) dispararon los precios de la energía y desataron una inflación galopante en todo Occidente.

En Estados Unidos, la inflación se descontroló por completo: pasó del 5-6% habitual a picos anuales del 13-14% (alcanzando un máximo cercano al 14,8% en 1980, el más alto desde la Segunda Guerra Mundial).

Los tipos de interés reales (nominales menos inflación) se hundieron en terreno profundamente negativo durante años, beneficiando a los organismos y entidades más endeudadas (los Gobiernos) y perjudicando a los acreedores (tenedores de fiat) que recibían retornos reales cada vez más bajos.

En ese ambiente de desconfianza generalizada surgió una percepción muy clara y duradera: los gobiernos y los bancos centrales estaban monetizando la deuda a gran escala. Es decir, buena parte del desequilibrio fiscal y los déficits se «resolvían» imprimiendo dinero y dejando que la inflación erosionara el valor real de lo que se debía.

Fue la época dorada del «oro como refugio»: el metal pasó de 35 $ en 1971 a un espectacular pico de 850 $ en enero de 1980 (un salto de más de 2.300% en menos de una década). La gente común y los inversores institucionales entendieron que, cuando la moneda fiat pierde credibilidad y el dinero se devalúa por la puerta de atrás (inflación), el oro actúa como un seguro contra el abuso del poder monetario.

La deuda pública en Estados Unidos se mantuvo relativamente moderada en comparación con lo que vendría después, en alrededor del 30-35% del PIB. Y, a nivel global, todavía estaba lejos de los niveles actuales. Sin embargo, el oro se multiplicó por más de 20 en menos de una década.

¿Por qué, entonces, si la deuda no aumenta tanto, el precio del oro se dispara y alcanza medias anuales por encima de los 600 $/oz? Pues porque el problema no es tanto la cantidad de deuda como qué están haciendo los gobiernos y bancos centrales para sostenerla: tipos bajos, inflación alta y poca disciplina fiscal.

El oro, por tanto, no reacciona tanto al nivel absoluto de deuda como al miedo a que esa deuda se «pague» con inflación y pérdida de poder adquisitivo de la moneda. Lo que hace que el precio del oro se dispare en este período es la confluencia de una serie de factores: fin del patrón oro, alta inflación y sospecha de que la disciplina fiscal se ha perdido. Es el primer mensaje fuerte del metal al nuevo sistema monetario: «Si vais a jugar con el valor de la moneda, el refugio soy yo».

Años 80: más deuda, tipos altos... y oro a la baja

En este período, Paul Volcker y la Reserva Federal suben los tipos de interés a niveles muy altos, por encima del 15%, para domar la inflación. Los tipos reales se vuelven muy positivos y se generaliza la idea de que los bancos centrales van en serio con la estabilidad de precios.

Tanto es así que la frustración popular con esa inflación desbocada y la percepción de debilidad económica sellaron el destino de Jimmy Carter. En las elecciones de noviembre de 1980, Ronald Reagan lo derrotó de forma aplastante: una derrota histórica, con 489 votos electorales frente a sólo 49 de Carter, y una victoria en 44 de los 50 estados. La gente votó con el bolsillo y en contra de una inflación galopante que superaba el 14% y que se había iniciado años atrás con la liberación de los grilletes del oro en la moneda fiat. Pero aquí viene la parte más interesante y dura: Reagan también la pasó muy mal al principio. Aunque llegó prometiendo cortar impuestos, reducir regulaciones y reactivar la economía con su famoso «Reaganomics», heredó el monstruo de la inflación y tuvo que apoyarse en una política monetaria extremadamente agresiva del presidente de la Reserva Federal, Paul Volcker (nombrado por Carter en 1979, pero respaldado firmemente por Reagan).

Las consecuencias de esa disciplina antipopulista y de responsabilidad fiscal y monetaria (el famoso «Volcker shock» respaldado por Reagan) fueron claras:

El dólar se fortaleció de manera espectacular a lo largo de los años 80, apreciándose cerca del 50% en términos reales entre 1980 y 1985. ¿Por qué? Porque la combinación de una política monetaria ultraortodoxa (tipos altísimos para romper la inflación) y una confianza renovada en el ancla fiscal generó una enorme atracción de capitales extranjeros. Los inversores globales veían en el dólar un refugio sólido, no una moneda que se devaluaba por la puerta trasera de la inflación.

En este contexto, a pesar de que la deuda pública total pasa de unos 900.000 millones en 1980 a más de 3,2 billones en 1990, y la ratio deuda/PIB aumenta sensiblemente, el oro no acompaña porque la percepción sobre el ancla fiscal era muy positiva a la par que los mercados cotizaban en un ciclo de expansión brutal.

Como vimos en el capítulo 5, el oro entra en un largo mercado bajista y lateral, perdiendo año tras año, valor real contra la moneda fiat. La gran lección es que más deuda pública no garantiza subidas del oro. Lo que importa es cómo se financia esa deuda y cuál es el contexto de los tipos de interés reales. En los 80, aunque sube la deuda, los tipos de interés reales son positivos y altos, la inflación se contrae y el dólar se fortalece. En ese entorno, los inversores perciben que la deuda, aunque crece, no se está pagando con una devaluación silenciosa, sino con disciplina monetaria y eso ataca directamente a la tesis del oro que llevamos todo el libro exponiendo. Pero claro, a largo plazo no se puede ni se debe confiar en los políticos y por eso la correlación del crecimiento de la deuda con el oro es cuasi lineal: 90% lo que significa que 9 de cada 10 veces que crece la deuda lo hace el oro protegiendo contra la forma en que esa deuda se va a repagar: inflación.

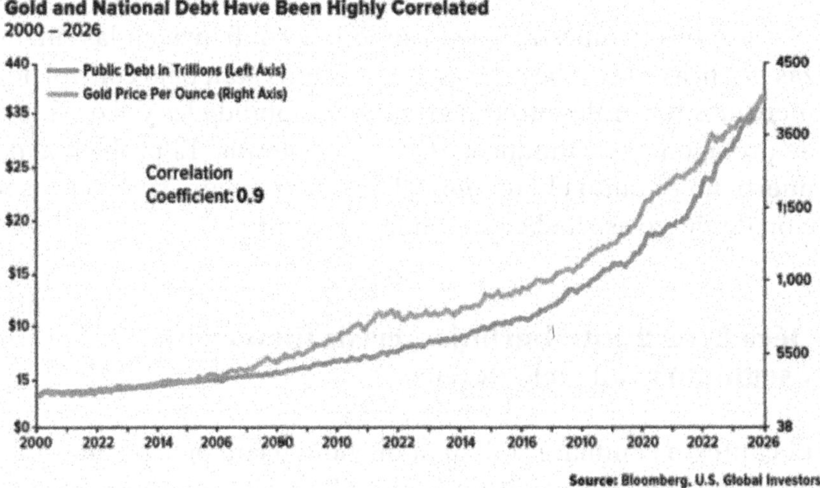

Años 90: globalización, consolidación fiscal y «el invierno del oro»

En esta época, para que tengamos un poco de contexto, se produce la caída del bloque soviético y se expande la globalización, con un boom tecnológico y unos mercados muy alcistas en renta variable. Existe una confianza generalizada en que las crisis son cosa del pasado. Durante toda la década, la inflación se mantiene baja y estable.

¿Qué sucede con la deuda pública?

- En Estados Unidos, la ratio deuda/PIB se estabiliza e incluso mejora algo a finales de los 90.
- En muchos países desarrollados se habla de «consolidación fiscal» y se presume de superávit.

Por eso el oro vivió su peor momento y en 1999, el precio medio ronda los 281 $/oz, menos de la mitad de la media de

1980. A pesar de que el nivel de deuda en el mundo es más alto que en los años 70, la percepción de disciplina fiscal es absoluta.

Esto nos demuestra que cuando hay confianza en las finanzas públicas y las expectativas de inflación están bajo control, los mercados bursátiles ofrecen grandes rentabilidades y el oro pierde protagonismo, aunque la deuda sea elevada. El problema, de nuevo, no es tanto el tamaño del endeudamiento, sino la sensación de riesgo asociada a ese endeudamiento.

Década de 2000: burbujas, crisis financiera y segundo gran ciclo del oro

El contexto cambia: estallan la burbuja tecnológica y, más tarde, la burbuja de crédito e inmobiliaria, lo que da lugar a la crisis financiera global de 2008. Los bancos centrales bajan tipos a mínimos históricos y ponen en marcha políticas de «expansión cuantitativa» (QE): compran deuda pública y MBS (paquetes de hipotecas) masivamente contra nuevas reservas que tratan de expandir los balances y salir de la enorme deflación subyacente.

La deuda pública en Estados Unidos, que en 2000 se sitúa alrededor de 5,7 billones de dólares, tras la crisis de 2008 supera los 10 billones y sigue subiendo hasta unos 13,5 billones en 2010, con una ratio deuda/PIB cercana al 90-100%.

En paralelo, el oro entra en un ciclo alcista histórico, como ya vimos, pasando desde los 280-300 $/oz en 2000 hasta más de 1.000 $/oz hacia 2008, y seguirá subiendo en la década siguiente.

¿Por qué en este período sí se da una clara correlación entre una deuda pública al alza y la subida del precio del oro? Pues porque los bancos centrales monetizan parte de esa deuda y los tipos de interés reales son muy bajos o negativos. El mensaje del mercado es claro: si para sostener niveles crecientes de deuda los bancos centrales imprimen dinero y suprimen tipos, el oro se revaloriza como alternativa «sin riesgo de emisión».

Década de 2010: deuda alta, oro volátil e ilusión de control

Los efectos de la crisis de 2008 se arrastran durante años. En Europa, la crisis de deuda soberana de los PIGS (Grecia, Portugal, Italia, España) pone al descubierto lo que ocurre cuando el mercado duda de la solvencia de un Estado. Sin embargo, una vez contenida la emergencia, se instala la idea de que los bancos centrales siempre podrán salvar la situación. Paradójicamente, aunque la inflación oficial es baja, los tipos reales son frecuentemente negativos o muy bajos, porque los tipos nominales están cerca de cero y los bancos centrales presionan a la baja sobre los rendimientos reales para estimular la economía.

La deuda pública en muchas economías avanzadas se estabiliza en niveles históricamente altos, por encima del 80-100% del PIB en bastantes casos. No se reduce significativamente, pero tampoco vuelve a dispararse como en 2008-2009. Se normaliza la idea de que los Estados pueden vivir con mucha deuda.

Por su parte, el oro marca máximos en torno a 2011-2012, con medias anuales por encima de 1.500-1.600 $/oz. Luego entra en corrección: hacia 2015, la media anual ronda los 1.060 $/oz.

¿Qué está pasando? Pues que, de nuevo, la relación no es lineal: la deuda sigue alta, pero la inflación es baja, y los tipos, aunque cercanos a cero, se perciben como «bajo control», y los mercados financieros (acciones, bonos, inmuebles) vuelven a vivir años de bonanza. En ese entorno, el miedo a que la deuda se salde con una gran inflación o un colapso monetario se diluye temporalmente, y el oro lo nota: corrige, consolida, deja de ser protagonista.

Se podría decir, como conclusión, que el oro no necesita una inflación alta para subir: le basta con tipos reales negativos. Lo más significativo de esta década y con lo que el lector debería quedarse es con la corrección que sufre tras el default del 2008 arrastrado por el resto del mercado. Muchos equivocadamente vendieron sin percibir que lo que estaba haciendo corregir al oro era una llamada al margen generalizada que obligaba a deshacer posiciones ganadoras para mantener largos en el resto de posiciones, es decir, para no ser expulsados del mercado.

La cosa fue más o menos así:

Tras marcar máximos en 1,000 $/oz en marzo de 2008 (justo después del rescate de Bear Stearns), el pánico se intensificó con la quiebra de Lehman Brothers el 15 de septiembre. En ese momento:

El sistema financiero se congeló → todo el mundo necesitaba dólares líquidos YA para cubrir pérdidas, redenciones de fondos y deudas en dólares.

Los inversores apalancados (hedge funds, etc.) vendieron indiscriminadamente sus activos más líquidos y rentables para generar cash rápido.

El oro, que había subido mucho y era muy fácil de vender (alta liquidez), fue uno de los primeros en ser liquidado masivamente.

Resultado: el precio cayó hasta mínimos de ~$690–$720/oz en octubre/noviembre 2008, una corrección de aproximadamente 30% desde los máximos previos. Pero la caída no fue FUNDAMENTAL, sino que respondía a una demanda provisional de liquidez.

Por eso, la subida posterior del oro desde ese mínimo hasta el máximo histórico de 2011 fue una de las más potentes de su historia. Quien aguantó (o compró) el pánico de 2008 multiplicó su inversión por 2.7x en menos de 3 años (rentabilidad del +170%) desde los 700 $/Onza hasta los 1920 $/onza que fue el máximo que marcó en 2011 ya finalizando el segundo gran ciclo del oro.

Gold Price Run of October 2008 to August 2011

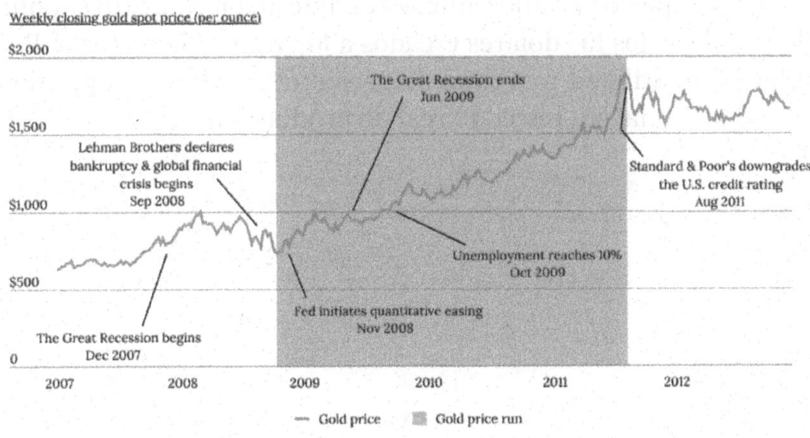

Source: U.S. Money Reserve analysis of gold spot prices

Período 2020-2025: pandemia, explosión de deuda y nuevo récord del oro

La pandemia de COVID-19 llega en 2020 y los gobiernos lanzan paquetes masivos de gasto público para evitar un colapso económico. Los bancos centrales bajan tipos aún más y compran deuda a un ritmo sin precedentes. De esta forma, la deuda pública mundial salta de alrededor del 84% del PIB antes de la pandemia a cerca del 99% del PIB en 2020, según diferentes estimaciones. Tras una ligera corrección, el FMI proyecta que la deuda pública global volverá a subir y que se encamina hacia el 100% del PIB hacia 2029 o 2030. En Estados Unidos, la deuda nacional supera los 37-38 billones de dólares en 2025, un récord histórico.

En cuanto a la inflación y los tipos de interés, entre 2021 y 2023 la inflación repunta con fuerza en muchas economías (5-10%, o incluso más, en muchos países) y los tipos reales vuelven a ser negativos. A partir de 2022, los bancos centrales se ven obligados a subir agresivamente los tipos para contenerla, encareciendo el coste de financiar esa montaña de deuda.

La oferta de dólares medida por el agregado M2 se va desde los 15 billones de dólares hasta los 22 billones de dólares en tan sólo 2 años. Es decir, se crean en sólo 2 años, la misma cantidad de dólares que los 10 años anteriores, puesto en contexto supone el 50% de todos los dólares creados a lo largo de la historia. Por la ley de la utilidad marginal decreciente[29], esto es una pérdida del valor bestial sin respaldo real de producción.

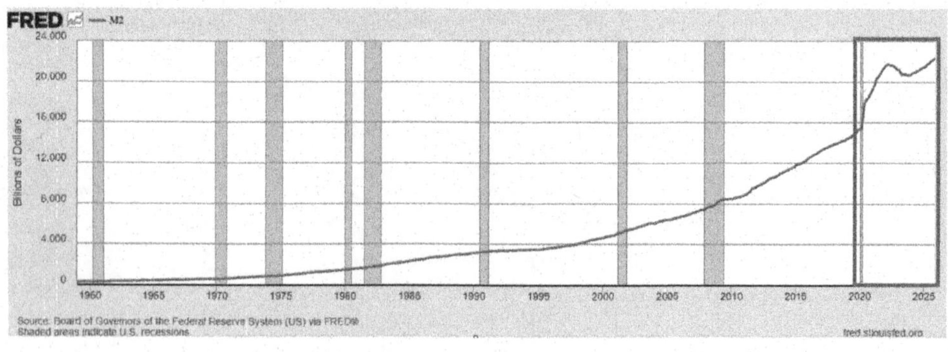

En este contexto, la media anual del oro, como ya hemos visto, se sitúa en 2025 por encima de los 4000 $/oz y marca máximos históricos. Aquí la correlación deuda-oro es muy evidente:

Explosión de deuda pública para sostener la economía.

Aumento de los déficits fiscales y oferta monetaria

Inflación alta que erosiona el poder adquisitivo de las monedas.

Dudas sobre la sostenibilidad de esa deuda cuando suben los tipos de interés.

29. La ley de la utilidad marginal decreciente (también conocida como ley de Gossen o *law of diminishing marginal utility* en inglés) es uno de los principios más importantes y universales de la microeconomía. Establece que, manteniendo todo lo demás constante, a medida que una persona consume más y más unidades de un mismo bien o servicio, la utilidad (satisfacción o beneficio subjetivo) adicional que obtiene de cada unidad extra disminuye progresivamente.

Rescates e intervenciones express de la FED con nuevas ventanas de liquidez: Las famosas BTFP.[30]

Fuerte demanda de oro, tanto por parte de inversores privados como de bancos centrales, que incrementan sus reservas para diversificarse frente al dólar y otros activos.

El oro vuelve a funcionar como protector de incertidumbre monetaria y miedo: miedo a que, con el tiempo, la única salida política a tanta deuda sea, una vez más, la inflación, la devaluación o alguna forma de impago disfrazado.

Conclusiones

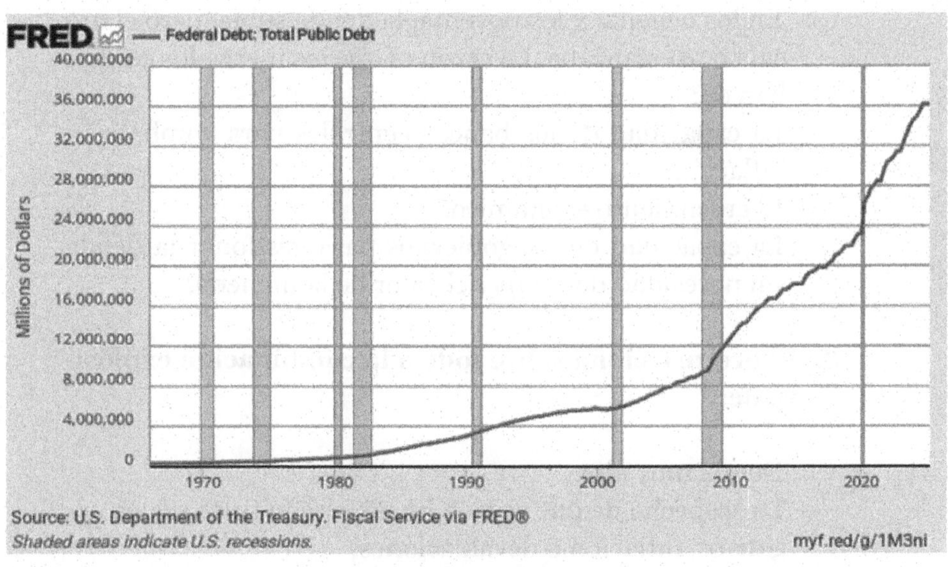

Entonces, ¿podemos decir que existe una correlación entre el oro y la deuda pública? Si nos fijamos en todo el periodo 1971-2025, podemos extraer varias conclusiones:

30. BTFP (Bank Term Funding Program) fue una de las intervenciones más emblemáticas y «express» de la FED en los últimos años. Se lanzó en marzo de 2023 tras las quiebras de Silicon Valley Bank y Signature Bank, para evitar una crisis sistémica de liquidez en la banca regional y mediana.

1. **A muy largo plazo, sí se aprecia una relación de fondo:**

   - Desde 1971, la deuda pública (sobre todo, en las grandes economías) ha crecido de forma casi ininterrumpida, tanto en términos absolutos como en porcentaje del PIB.
   - En ese mismo plazo, el oro ha pasado de entre unos 35 y 45 dólares a miles de dólares por onza.
   - Un mundo más endeudado ha ido acompañado de una mayor demanda de oro.

2. **Pero la relación no es lineal ni inmediata:**

   - En los ochenta y los noventa, la deuda subía, pero el oro caía o se estancaba. La razón es que los mercados confiaban en:
   - La capacidad de los bancos centrales para combatir la inflación.
   - El crecimiento económico.
   - La capacidad de los gobiernos para gestionar la deuda sin necesidad de *romper* el valor de la moneda.

3. **El oro reacciona sobre todo a la combinación explosiva de:**

   - Deuda muy alta.
   - La sospecha de que se va a financiar con tipos reales negativos, inflación o devaluaciones.
   - La pérdida de confianza en las instituciones y en la disciplina fiscal.
   - Cuando estos tres factores coinciden (en la década de los setenta, en años posteriores a 2008 y, especialmente, tras la pandemia), el oro sube, es así de simple.

4. **La deuda por sí sola no basta, importa la narrativa del mercado:**

- Si la narrativa dominante es que *la deuda es alta, pero controlable*, el oro puede no subir porque hay certidumbre y no es necesario proteger nada.
- Si la narrativa cambia a la de *la deuda es alta y no hay salida indolora*, el oro se convierte en el seguro contra incertidumbre preferido por el mercado. En este sentido, el oro es menos un activo *financiero* y más un activo *psicológico*.

En resumen, el oro actúa como un termómetro de responsabilidad de la deuda soberana. No sube ni baja simplemente por el volumen de deuda que acumulan los gobiernos, sino por la percepción que tienen los inversores, los ciudadanos y los mercados sobre si esa deuda podrá pagarse de manera honesta, sostenible y sin artificios.

En cuanto a la relación oro-inflación, puede resumirse así:

- Cuando la inflación es alta y los tipos reales son negativos, el oro sube.
- Cuando la inflación es baja y los tipos reales son positivos, el oro se enfría.
- Cuando hay miedo a que la inflación vuelva, aunque todavía no haya subido, el oro tiende a anticiparse y subir.
- A partir de 2022 el panorama cambia: el oro sube hagan lo que hagan los tipos reales y la inflación porque estamos en un mercado que ha empezado a perder toda confianza en la moneda fíat.

Tabla 7.1.

DEUDA PÚBLICA GLOBAL Y CONTEXTO ASOCIADO

Periodo	Deuda pública global	Porcentaje del PIB mundial	Contexto clave
1971-1980	Baja	<40%	Fin del patrón oro, inflación elevada.
1981-1990	Moderada	40-50%	Tipos altos, dólar fuerte.
1991-2000	Creciente	55-60%	Globalización, consolidación fiscal.
2001-2010	En fuerte aumento	60-75%	Crisis de 2008, 11-S.
2011-2019	Alta	80-85%	QE prolongado, tipos 0.
2020-2025	>100 billones de dólares	90-100%	COVID-19, inflación, deuda récord.

En otras palabras: el oro no es tanto un termómetro de la inflación presente como un seguro contra la inflación futura, ya que protege cuando se percibe que la moneda va a perder valor sin nada ni nadie que lo remedie.

Tabla 7.2.

EVOLUCIÓN DE LA DEUDA PÚBLICA DE EE. UU. Y DEL PRECIO DEL ORO

Periodo	Deuda pública de EE. UU. (aproximada)	Deuda-PIB	Precio medio anual del oro (aproximado)
1971-1980	370.000 millones de dólares → 830.000 millones de dólares	30-35%	40-45 dólares por onza → más de 300 dólares (con picos por encima de 600 dólares en 1980)

... / ...

... / ...

1981-1990	900.000 millones de dólares → 3,2 billones de dólares	30-50%	600 dólares por onza → 300-400 dólares
1991-2000	3,2 billones de dólares → 5,7 billones de dólares	55-65%	280-400 dólares por onza
2001-2010	5,7 billones de dólares → 11,9 billones de dólares	55% → 85-90%	300 dólares por onza → más de 1.000 dólares
2011-2019	12 billones de dólares → 22 billones de dólares	95-105%	1.100-1.600 dólares por onza → 1.800 dólares
2020-2025	22 billones de dólares → 37-38 billones de dólares	120-130%	1.800-1900 dólares → más de 4.000 dólares

8

Lo que nunca te han contado sobre la plata

Hasta aquí nos hemos centrado en los movimientos del oro, no en vano su recorrido ha sido impresionante en los últimos años, lo que lo ha convertido en un activo muy potente. Pero ¿qué pasa con la plata, un instrumento que hasta hace un año parecía olvidado por el mercado? ¿Cuál ha sido su papel a lo largo de la historia? ¿Cuáles han sido sus ciclos? ¿Cómo se ha comportado en las últimas décadas en relación con el oro, con los principales índices bursátiles y con otros activos?

Trataré de responder a todas estas preguntas en las siguientes páginas.

El papel de la plata a lo largo de la historia

La historia de la plata es casi tan antigua como la de la civilización misma. Desde los primeros asentamientos humanos, este metal, al igual que ha sucedido con el oro, nos ha acompañado como símbolo de riqueza, como instrumento de intercambio, como materia prima esencial o, más recientemente, como refugio de valor.

La plata fue uno de los primeros metales que el ser humano aprendió a trabajar. Existen evidencias arqueológicas que datan su uso en torno al 4000 a.C. en regiones como Anatolia y Mesopotamia. Su color blanco y su brillo distintivo la convirtieron pronto en un material codiciado para elaborar joyas, utensilios para rituales o adornos que distinguían a reyes, faraones y otros monarcas o gobernantes necesitados de símbolos que demostraran su poder.

Al igual que el oro, la plata fue elegida como fuerte candidato a ser dinero por su fácil distinguibilidad. En el Antiguo Egipto, por ejemplo, la plata llegó a ser incluso más valiosa que el oro durante ciertos periodos, debido a su relativa rareza en la región. Aunque, en general, la plata siempre ha sido más abundante y accesible, lo que le ha permitido convertirse en un metal de uso cotidiano en muchas culturas.

El patrón económico del mundo

El verdadero salto de la plata llegó con su uso como moneda de cambio. Durante milenios, antes de que existiera el dinero fiduciario, o sea, el tipo de dinero que usamos hoy en casi todos los países del mundo, cuyo valor no está respaldado por un bien físico, sino por la confianza en el gobierno que lo emite—, la plata fue el patrón económico del mundo.

En la Grecia clásica, las polis acuñaban dracmas de plata, aceptadas en todo el Mediterráneo.

En Roma, el denario —una moneda hecha de plata— se convirtió en el pilar del sistema monetario imperial.

También en Oriente tuvo su papel. En China, el tael o lingote de plata funcionó como medio de intercambio y reserva de valor durante siglos.

Pero fue durante la Edad Moderna cuando la plata alcanzó su auge global. Con la llegada de los españoles a América, los enormes yacimientos descubiertos en Potosí (actual Bolivia) y Zacatecas (México) transformaron la economía mundial. Durante más de dos siglos, la plata americana alimentó el comercio internacional, fluyendo hacia Europa y, desde allí, hacia Asia, especialmente China, donde el metal era muy apreciado. En cierto modo, puede decirse que la plata fue la primera moneda verdaderamente global. Su circulación unió continentes y financió la expansión del comercio y los imperios.

El ocaso del patrón plata

Durante el siglo XIX, la creciente hegemonía del patrón oro desplazó lentamente a la plata como respaldo monetario. Países como el Reino Unido o Estados Unidos comenzaron a basar sus monedas en reservas de oro, dejando atrás los sistemas bimetálicos. Como ya hemos indicado en anteriores capítulos, en un sistema bimetálico basado en el uso de plata y oro, lo normal es que la plata desplazara al oro como moneda de intercambio generalmente aceptada (Ley de Gresham),[33] debido al afán humano por conservar el bien más preciado, en este caso el oro.

Aun así, la plata siguió teniendo un papel clave como medio de pago y en la fabricación de monedas, una función que conservó hasta bien entrado el siglo XX.

Por otra parte, con el desarrollo de la industria moderna, la plata encontró un nuevo destino: la tecnología. Su elevada conductividad eléctrica y térmica, junto con su resistencia a la corrosión, la convirtieron en un metal indispensable para múltiples sectores. En los siglos XIX y XX se usó en la fotografía, gracias a las sales de plata sensibles a la luz. En la electrónica, es un componente esencial de contactos, circuitos y baterías. Y en la medicina, sus propiedades antibacterianas la han hecho útil en apósitos y equipos quirúrgicos.

En la actualidad, su uso se ha disparado en tecnologías verdes, especialmente en los paneles solares fotovoltaicos, donde la plata es clave para conducir la electricidad generada por la luz solar. Además, EEUU acaba de incluirla en la lista de mineral crítico.[34]

33. Ley de Gresham: Cuando dos formas de dinero con distinto valor intrínseco tienen el mismo valor legal, el dinero de menor valor real se utiliza en circulación y el de mayor valor real se retira o atesora. Esa expulsión del 'dinero bueno' por el 'dinero malo' es la Ley de Gresham

34. EE.UU. Ya no ve a la plata como metal precioso o inversión financiera,

Este cambio de paradigma convirtió a la plata en un metal híbrido: con valor económico, por un lado, y funcional, por otro, —es decir, como materia prima—.

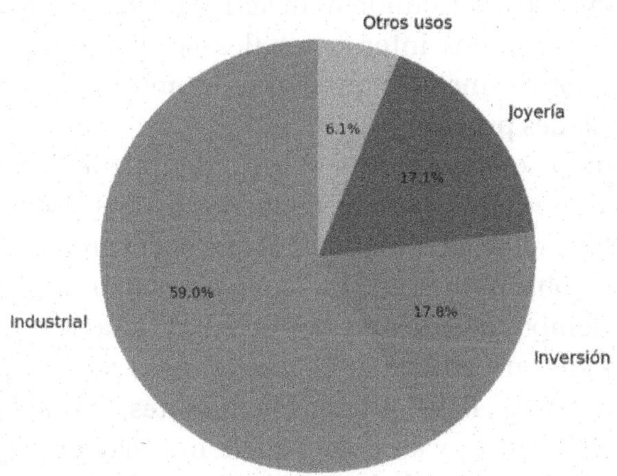

Como podéis observar en el gráfico, el componente de inversión de la plata es de aproximadamente el 35% teniendo en cuenta joyería+inversión.

Sería tan absurdo no tener en cuenta la demanda de joyería como el hecho de que alguien que compra una joya de plata no busca que esta se revalorice con el tiempo o en su defecto más básico, que sea valiosa porque es económicamente escasa.

La pata industrial es la que más pesa y eso convierte a la plata en un activo mucho más volátil que el oro, pues su exposición al ciclo económico es más directa y agresiva que la del oro. Por tanto, cualquier inversor en plata debería tener dos tesis de inversión cuando de adquirir plata se trata: la tesis que impacta en el componente industrial y la tesis que impacta en el componente refugio. El éxito será inferir una única tesis que englobe una ponderación de las dos tesis primarias.

---

sino como recurso esencial para la tecnología, la energía, la defensa y la seguridad económica. Esto podría transformar su producción, comercio y valor global.

La plata como activo bursátil

A partir del siglo XX, con el desarrollo de los mercados financieros, la plata pasó a ser también un activo de inversión. Su cotización en los mercados internacionales la vincula al comportamiento de otros metales preciosos, como el oro, pero con particularidades propias.

A menudo se la considera el «oro del pueblo», es decir, un refugio más asequible para los pequeños inversores.

Su precio tiende a ser más volátil que el del oro, debido a su ya comentada doble naturaleza, industrial y monetaria. Esto significa que en tiempos de crisis económicas o de alta demanda tecnológica, su valor puede fluctuar de manera más pronunciada.

Los inversores la adquieren en lingotes, monedas, ETF o contratos de futuros, y su precio suele moverse en paralelo a la confianza económica global. Cuando el oro sube como refugio, la plata lo sigue, aunque no siempre es así. Lo veremos con más detalle cuando revisemos su evolución en las últimas décadas.

Hoy en día la plata vive una nueva etapa de relevancia. La transición energética y la expansión tecnológica la han devuelto al centro de la escena. Se calcula que la industria solar y la electrónica absorberán una parte creciente de la producción mundial en los próximos años. Pero, al mismo tiempo, su papel como activo financiero no para de crecer: cuando las economías enfrentan incertidumbre monetaria o inflación, muchos inversores recurren a la plata como un resguardo tangible frente a la volatilidad de los mercados. En este sentido, es también, como el oro, un protector de incertidumbre monetaria, y su escasez un elemento clave a tener en cuenta. De hecho, todas las existencias que el ser humano ha conseguido extra de plata de la historia equivalen en volumen a la Torre Picasso de Madrid. Y, según la mayor parte de fuentes, solo quedan por extraer unas 500.000 toneladas. Más adelante hablaremos más en detalle de cómo esta escasez influye en los mercados y puede influir en la cotización futura de la plata.

Es importante entender que el concepto de escasez relativa es vital para entender el valor de la plata y para ello qué mejor que tratar de monitorizar en tu cerebro el concepto de escasez asociado a la plata como ya hiciéramos con el oro en su momento.

Las estimaciones según el World Silver Council y otras prestigiosas instituciones son éstas:

Plata extraída a lo largo de la historia: ~1,4 millones de toneladas.
Plata perdida en procesos industriales y no recuperable: ~900.000 toneladas.
Plata disponible actualmente sobre la superficie (en monedas, lingotes, joyería, industria, etc.): ~515.000 toneladas.
Reservas mineras identificadas pero aun sin extraer: ~510.000 toneladas.
Existencias totales estimadas (plata disponible + reservas): ~1.025.000 toneladas.

En la siguiente foto se puede monitorizar el total de existencias de plata extraídas por el hombre desde que habita la tierra. Otra Torre de Picasso (Madrid) debajo de la tierra por extraer y convertimos a la plata en un metal cuya oferta de producción deja de existir (al menos tal y como conocemos la forma de producir actual). Es decir, un metal con una oferta completamente inelástica y de pendiente infinito.

La larga travesía de la plata (1971-2025)

Igual que en el caso del oro, un punto de inflexión en la evolución de la plata como valor es agosto de 1971, cuando Richard Nixon rompió el vínculo entre el dólar y el oro. Con este movimiento, no sólo se cerró una era monetaria: también comenzó una nueva vida para los metales preciosos. Por primera vez en siglos, su valor nominal dejaría de depender de los bancos centrales y pasaría a flotar libremente en el mercado.[35] Entre ellos, la plata, que había sido moneda universal durante siglos, iniciaba un viaje turbulento que reflejaría, década a década, los cambios de la economía global.

Los años setenta: del dinero sólido al dinero papel

Los años setenta fueron el escenario del gran despertar. Liberada del patrón oro, la plata empezó a comportarse como un termómetro de la confianza en el dinero. Con la inflación en alza y el petróleo multiplicando su precio, los inversores buscaron refugio en los metales.

El oro subía con fuerza, y la plata, más volátil y accesible, lo hacía de forma aún más violenta. De apenas dos dólares por onza en 1971 pasó a superar los 49 dólares por onza en enero de 1980 en términos nominales, en buena parte gracias al intento de los hermanos Hunt,[36] dos magnates texanos del petróleo, de acaparar el mercado mundial. La historia, sin embargo, acabó mal: cuando el gobierno intervino y, el precio se desplomó más del 80 % en cuestión de semanas. Aquel primer ciclo alcista, también considerado

35. Un precio fijado por una autoridad no elimina el precio que surgiría del mercado, sólo lo desconecta porque las fuerzas económicas subyacentes no desaparecen.

36. Los hermanos Nelson Bunker y William Herbert Hunt trataron de monopolizar el mercado mundial de la plata en los años 70 acumulando compras masivas. Cuando las autoridades impusieron restricciones, el mercado colapsó y su apuesta terminó en enormes pérdidas.

la primera gran fiebre moderna de la plata, coincidió con el primer gran ciclo del oro y nos recuerda lo volátil que puede ser la plata ante cualquier mínimo intervencionismo estatal.

Fuente: estimaciones basadas en datos históricos de MacroTrends y LBMA.

1980-2001: dos décadas de silencio metálico

Los años ochenta y noventa fueron un desierto para la plata. La inflación se moderó, las bolsas vivieron un auge casi ininterrumpido y los inversores se olvidaron de los metales. El oro mantuvo cierto prestigio como activo refugio, pero la plata quedó relegada a un papel secundario, más ligada a la industria que a un mecanismo de protección del patrimonio.

Durante esos veinte años, su precio se movió casi siempre por debajo de los seis dólares la onza, un rango que reflejaba apatía y abundancia. Solo algunos usos industriales, como los mencionados más arriba —fotografía, electrónica o soldaduras— mantenían viva su demanda. La plata seguía ahí, silenciosa, pero el mundo miraba hacia otros activos: las acciones, los bonos, la tecnología, en definitiva el apetito por el riesgo.

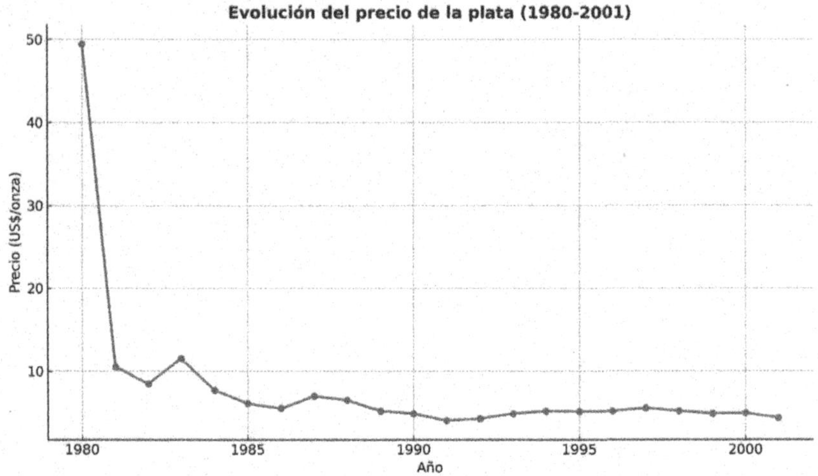

Fuente: estimaciones basadas en datos históricos de MacroTrends y LBMA.

2002-2011: el segundo gran ciclo alcista del metal blanco

A comienzos del nuevo milenio, coincidiendo con el segundo gran ciclo del oro y la irrupción de China como potencia industrial, la expansión del crédito y el auge de las materias primas marcan el inicio del superciclo de las commodities. La plata, olvidada durante años, volvió a brillar. Su precio multiplicó por diez en menos de una década, alcanzando casi los 48 dólares por onza en abril de 2011. Esta vez no fue la especulación lo que empujó su valor, sino la combinación de demanda industrial y refugio: el mundo salía tambaleante de la crisis de 2008 y los inversores buscaban activos reales.

En paralelo, el oro alcanzaba sus propios récords, como vimos en el capítulo 5, pero la plata lo superaba en intensidad (recuerden que el oro hizo un x7 durante el segundo ciclo).

Históricamente, el ratio oro/plata (cuántas onzas de plata hacen falta para comprar una de oro) había rondado 50:1. En esos años, el ratio se comprimió hasta cerca de 30:1, demostrando una vez más que cuando el auge de los metales aparece, la plata obtiene mejores y más potentes rendimientos que el oro. La plata tiende a comportarse como oro apalancado.

Nótese de nuevo que para referirnos al oro y la plata siempre tomamos el período que comienza desde el fin del tratado de Bretton Woods en 1971, pues coger los años anteriores donde el precio de ambos metales estaba intervenido no tiene mucho sentido.

Antes de 1971, como es lógico, el ratio oro/plata era mucho más bajo, llegando a estabilizarse en 15:1, es decir, necesitabas 15 onzas de plata para adquirir una de oro.

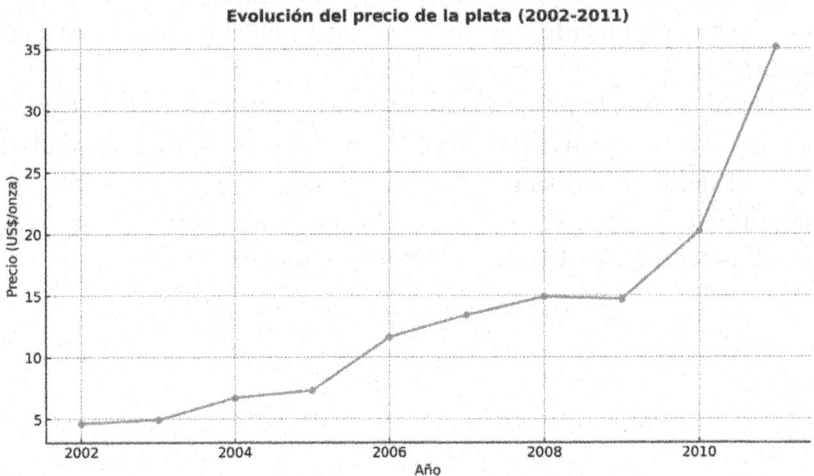

Fuente: estimaciones basadas en datos históricos de MacroTrends y LBMA.

2011-2019: Deflación y alto coste de oportunidad: Corrección de la plata.

En fases ya de reflación (tras la gran deflación), los bancos centrales mantuvieron los tipos de interés bajos y los mercados iniciaron su expansión, los metales volvieron a caer en el olvido. La plata, que había sido protagonista del pánico postcrisis, perdió su papel refugio.

Su precio descendió de forma paulatina hasta estabilizarse entre 15 y 20 dólares la onza, con breves repuntes que no lograban recuperar la tendencia. En esos años, el S&P 500 y el DAX alemán multiplicaban su valor, los bonos ofrecían rentabilidades seguras y la plata quedaba rezagada, víctima de su propia volatilidad. Entrábamos en uno de los mayores rallys alcistas de la historia.

De hecho, frente a los indicadores bursátiles —como el S&P 500 o el DAX—, la plata ha sido un activo con destellos brillantes pero inconsistentes. Las acciones han ofrecido, en promedio, un crecimiento anual mucho mayor, sostenido por la productividad y los dividendos.

Los bonos del Tesoro estadounidense, aunque más moderados, han compensado con menos volatilidad lo que les falta en rentabilidad.

No obstante, la plata ha sobrevivido a todos los ciclos. A diferencia de la mayoría de las materias primas, que suben y bajan al compás del petróleo, la plata ha mantenido un aura especial, mitad industrial, mitad financiera. Es un metal que vive en dos mundos: el de las fábricas y el de los mercados.

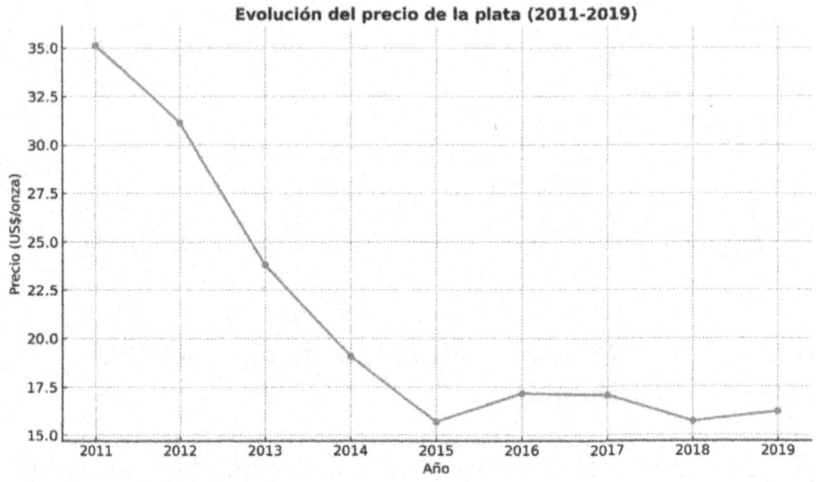

Fuente: estimaciones basadas en datos históricos de MacroTrends y LBMA.

Otra vez el coste de oportunidad del metal en términos de renta variable vuelve a ser altamente relevante.

2020-2025: el inicio del tercer gran ciclo

La pandemia del 2020 lo cambió todo. En un mundo confinado y paralizado, los gobiernos imprimieron dinero, las cadenas de suministro se rompieron y la inflación volvió a emerger. Los metales preciosos, olvidados durante años, reaparecieron en las carteras de los inversores.

La plata, sin embargo, no es solo una cobertura frente al riesgo: es también un componente clave en la transición energética. Su alta conductividad y su resistencia a la corrosión, la convirtieron en un insumo esencial para los paneles solares fotovoltaicos, los chips y las baterías eléctricas. Esa doble condición, monetaria e industrial, impulsó una nueva ola de demanda.

Una de las grandes cosas que ha pasado con la plata y que no ha podido pasar tanto con el oro es que los grandes bancos en Estados Unidos, como JP Morgan, Goldman Sachs, Banco de América, etcétera, han tenido grandes incentivos para sostener bajo el precio de la plata por el componente industrial de este metal. El 60% de la demanda mundial de plata está relacionada con la industria y, por tanto, con el ciclo económico. ¿Qué pasa? Que si el precio de la plata se dispara mucho, la industria y la economía pueden ralentizarse (la industria por los aumentos de costes y la inflación por el aumento de precios). Pero, manipular el precio de la plata de manera perpetua conlleva riesgos muy elevados, más allá de las fuertes multas [37]del regulador.

Podría pasar que termines por cerrar un fuerte volumen de cortos que obligan a asumir más riesgos de los inicialmente calculados, si es que la plata sigue subiendo. Esto es el famoso short squeeze de la plata o estrangulamiento de cortos, que no es otra cosa que un cierre masivo de posiciones cortas que obligan a recomprar el subyacente del metal a precios cada vez más elevados disparando consecuentemente su demanda y precio.

Por todo ello, y tras un periodo de estancamiento durante gran parte de 2024 y principios de 2025, mientras el oro sube, la plata finalmente está cobrando protagonismo, con incrementos que rondan el 100% en el año 2025, dejando atrás su reputación de inversión rezagada y tediosa. En 2025, después de mantenerse mucho tiempo en unos 30 dólares[38] la onza, el precio de la plata volvió a superar los 50 dólares por onza, alcanzando sus máximos nominales históricos. Por primera vez en décadas, el mercado físico mostró tensiones de oferta: los inventarios se agotaban, los precios de los contratos a futuro se disparaban y la plata volvía a ocupar titulares.

Además, existen numerosos indicios de que el mercado físico de la plata está cediendo ante la presión, con claras señales de una posible escasez o congestión.

Esta es la razón de que veamos a la plata cotizar con una curva de futuros negativa, o dicho de otra manera se paga más por

37. Existen sospechas fundadas, denuncias y un historial de acusaciones y multas de manipulación del precio de la plata por parte de bancos e instituciones poderosas.

38. A propósito de esta tesis, en mi canal de Youtube elaboré un video cuando la plata cotizaba a 30 $ avisando de que esta situación no duraria demasiado. Pueden encontralo aquí: https://www.youtube.com/watch?v=-quwLDj-lXD0&t=8s

la plata al contado que si te la entregan cualquier día más tarde con un precio ya prefijado, a pesar de que esa dilatación en la entrega supone costes de almacenamiento más elevados lo cual debería encarecer el precio a futuro.

En definitiva, que la plata al contado cotice por encima de sus contratos de futuros es un claro indicio de escasez en el suministro o curva backwardation.

Cuando la demanda de metal físico es intensa, la prima de conveniencia[39] aumenta, y como resultado los operadores están dispuestos a pagar más por la plata al contado que por contratos de entrega futura.

Mi tesis de la plata

Es cierto que el comportamiento de la plata no había sido, como hemos visto más arriba, como el del oro, pero sí tiene una correlación bastante grande con las commodities y sobre todo con el oro, lo que le ha llevado a ser también un activo refugio. Hay un 30% de la demanda de mercado sobre la plata, que es pura cobertura, o sea, es una demanda que obedece también a la misma función protectora que la del oro.

En mi tesis de inversión, el oro es la locomotora y la plata es el vagón colindante. Si seguimos descontando que el oro va a subir, y ya sabéis que mi tesis del oro no solamente no ha cambiado, sino que se ha reforzado, la plata debería en teoría converger hacia esa media histórica con el oro, es decir, reducir la enorme divergencia que existe entre el precio del oro y el precio de la plata. Dicho de otra manera, si la plata converge a la media y se mantiene la tesis del oro más o menos estable o creciente, lo que sucedería es que la plata, tomando el precio del oro o el ratio oro-plata, debería de estar cotizando por encima de los 70 dólares de manera estructural.

39. *Futuro=Contado*e(r+u−y)T* Donde Y es la prima de conveniencia. La prima de conveniencia aumenta cuando existe una fuerte preferencia por el metal físico, lo que contribuye a que el precio spot suba por encima del futuro.

De hecho, si la plata vuelve a su promedio histórico de 50 onzas de plata por 1 de oro, y el oro se establece en los 5000 $ por onza, la proyección de la plata desde estos niveles es de volver a doblar. Es decir, la plata debería estar cotizando en torno a los 90-100 $ la onza.

No solamente el ratio oro-plata nos habla de la gran oportunidad que está ofreciendo la plata en el corto o medio plazo, sino también si lo cruzamos con otras commodities que tradicionalmente han tenido una muy buena correlación con la plata, como por ejemplo el cobre. Aunque el ratio cobre-plata está cotizando más o menos en la media, el cobre o el ratio cobre-plata han subido bastante más que la plata recientemente, lo cual estaría indicando que, como el cobre es una commodity de uso muy industrial y está anticipando que seguimos en la parte expansiva o de auge del ciclo económico, en la cual la demanda de inversión sigue creciendo, la pata como refugio no está actuando correctamente, sino que más bien está actuando la plata industrial. Y es que la correlación entre el cobre y la plata a medio largo plazo siempre ha sido de entre un 50 y un 70 por ciento, pero ahora se está produciendo una divergencia también a favor del cobre, como también se ha producido una fuerte divergencia a favor del oro cuando se trata del ratio oro-plata.

Un activo infravalorado

Por tanto, podríamos concluir que la plata es un activo infravalorado con respecto al resto de commodities que se utilizan fundamentalmente en su industria, como el cobre o el zinc. También está infravalorada frente a otros activos refugios como el oro, lo cual indicaría que a futuro estas divergencias deberían corregirse. Además, si cogemos un gráfico logarítmico de la plata, descubriremos que el movimiento es calcado al gráfico del oro, en forma de taza y asas, un gráfico que potencialmente tiende a ser muy alcista y cuya proyección llevaría a la plata muy por encima de los 100 dólares.

Si ajustamos la plata por inflación, es decir, a dólares constantes, nos daremos cuenta de que la plata está todavía más infravalorada que si lo medimos en dólares corrientes. Exactamente igual que en el caso del oro, si medimos sus grandes ciclos alcistas. Y ya hemos visto que la plata y el oro guardan una correlación muy alta en tanto en cuanto ambos son activos refugio relativamente escasos, pero además la plata tiene un valor industrial que la correlaciona con el ciclo económico y con otras *commodities*.

Como vimos en anteriores capítulos, hemos empezado un nuevo ciclo del oro que nos ha llevado hasta los 4500 $ actuales sin que la plata haya seguido esa fuerte correlación, y el mercado empieza a pensar que hay una gran ineficiencia o un gran retraso por parte del valor de la plata con respecto al valor del oro que se debería corregir. Mientras repaso este capítulo la plata ya está corrigiendo esa ineficiencia (cerrando este gap) cotizando en 70 $ Onza.

Daré, además, otro indicador que suele ser infalible, tanto para la plata como para el oro: el ratio M2 u oferta monetaria medida en dólares con respecto a la plata. Se trata de la cantidad de dólares que hay en el sistema en agregado, o bien la agrupación monetaria que realiza la FED para el efectivo más las reservas más los depósitos o los dólares que crean los bancos comerciales. Si ajustamos el precio de la plata con la M2 nos daremos cuenta de que la plata va muy por debajo con respecto a la creación de dólares por parte del sistema, lo cual significa que la función de activo refugio de la plata no está yendo a la misma velocidad que debería teniendo en cuenta como la impresión monetaria se ha expandido. Dicho de otra manera, la infección está yendo muchísimo más rápido que el antídoto, con lo cual a largo plazo los valores refugio como el oro y la plata deberían servir también de catalizador.

El valor de la escasez

Hay muchísimos más contratos en el mercado (gente que compra, que vende, que dice que tiene, pero que no tiene realmente) que plata física, con lo cual hay muchísima especulación apalancada frente a la plata física real. La proporción que hay entre papel y plata física es escandalosa. Estamos en 400 onzas de papel por una onza de plata física, algo que cualquier analista sea del tipo que sea, no debería pasar por alto. Más temprano que tarde se va a producir el gran short *squeeze*.

Piensa que la relación papel-oro es de 125 onzas de oro papel frente a una onza física, mientras que la de la plata es tres veces y media más. Si se empieza a demandar plata física no habrá suficiente plata física que respalde el papel, sencillamente porque no existe. Muchos contratos de cortos van a tener ansiedad por cerrar su posición ante un aumento de la demanda de plata física y un aumento del precio que potencialmente destroce sus garantías, lo cual va a producir un squeeze o estrangulamiento de cortos que se retroalimenta así mismo. Es decir, cierre masivo de posiciones vendidas o de posiciones cortas por miedo a quedarse sin absolutamente nada. Ésto, a su vez, va a hacer que la demanda física de plata aumente cada vez más y que se dispare sin control.

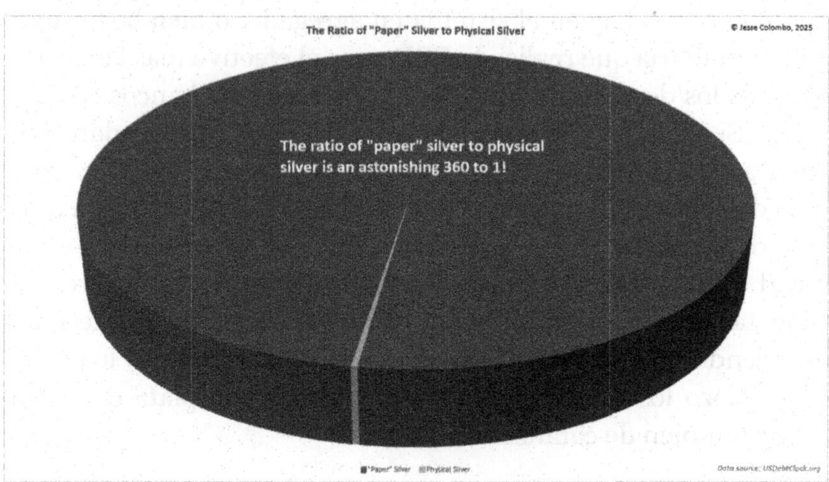

No hay que olvidar que la plata es valorada también por su escasez relativa, exactamente igual que el oro. Es menos escasa en términos relativos, pues las existencias de plata son seis veces mayores que las de oro, en total 1.500.000 toneladas. Pero es muy difícil extraer plata. De hecho, el 70 % de la plata que se extrae son subproductos de otras commodities como el cobre o el zinc. Además, es tremendamente costoso y mucha de esa plata se utiliza en la industria y no es recuperable, a diferencia del oro, que es mucho más reciclable. Esta escasez es un catalizador de su valor.

Lo más importante es entender que la oferta de plata es exactamente igual que la de oro, en tanto en cuanto es muy rígida y no crece, mientras que la demanda es mayor, lo cual dibuja un futuro potencialmente alcista.

En definitiva, lo que le ha pasado a la plata es que ha sido olvidada por el mercado durante mucho tiempo, pues todos los activos, tanto financieros como reales, pasan distintos ciclos económicos en los cuales simplemente no están de moda (ciclos de olvido) o el mercado no pone ahí el foco. Pero esta situación tiene visos de cambiar, entre otras cosas porque la plata ha sido tradicionalmente un corto para muchas empresas importantes, que han querido sostener el precio en determinados niveles, pero en el momento en que estas grandes instituciones cierren sus cortos, se producirá un gran *squeeze* que multiplicará su valor.

El momento actual

En el momento de escribir esto, finales de octubre de 2025, el alza del precio de la plata ha provocado una demanda vertiginosa de lingotes físicos por parte de inversores, fondos cotizados (ETF), futuros y otros derivados. Por ahora, la escasez se concentra principalmente en el mercado mayorista de metales preciosos de Londres, donde la forma predominante de plata que se comercializa es el lingote de plata Good Delivery, con un peso de 31,1 kilogramos o 1000 onzas troy. Estos lingotes deben tener una pureza mínima del 99,9 % y ser producidos por refinerías aprobadas por la London Bullion Market Association (LBMA). Entre las refinerías aprobadas se encuentran Argor-Heraeus, Asahi Refining, Heraeus, Metalor, MKS PAMP, la Real Casa de la Moneda de Canadá y Valcambi, entre otras.

Otra señal de la tensión que vive actualmente el mercado físico de la plata en Londres es el fuerte ensanchamiento del **spread** entre los precios de compra y venta al contado. Este margen, que en condiciones normales se mantenía alrededor de **3 céntimos por onza,** ha aumentado de forma notable hasta **superar los 20 céntimos.**

Como ya vimos en capítulos anteriores, **el diferencial entre el precio comprador y el precio vendedor** (**spread**) refleja la distancia entre el importe máximo que un comprador está dispuesto a pagar (la oferta) y el mínimo que un vendedor está dispuesto a aceptar (la demanda). En la práctica actúa como un **coste de transacción** y, habitualmente, constituye la remuneración del **market maker,** que obtiene ese margen a cambio de aportar liquidez y permitir que la operación se ejecute con fluidez. Digamos que es una prueba de la liquidez de un activo. A mayor spread, mayor iliquidez.

Otra prueba de la tensión en el mercado se observa en el reciente repunte del diferencial entre el precio al contado de la plata en Londres y el de Nueva York, representado por los futuros de plata en el COMEX. Este diferencial, que normalmente ronda los -0,30 dólares por onza, con los futuros cotizando ligeramente al alza, se disparó hasta un extraordinario nivel de 3 dólares por onza, llegando el precio al contado de Londres a superar ampliamente al de los futuros.

Como ya hemos visto anteriormente, esta anomalía se conoce como backwardation , una circunstancia de mercado en la que el precio al contado de una materia prima es superior a su precio de futuros. Indica una escasez de oferta y una fuerte demanda inmediata. La última vez que se produjo un backwardation de esta magnitud en el mercado de la plata fue en 1980, durante el intento de los hermanos Hunt de acaparar el mercado. En aquel backwardation la plata se fue por encima de los 140 $ en términos reales.

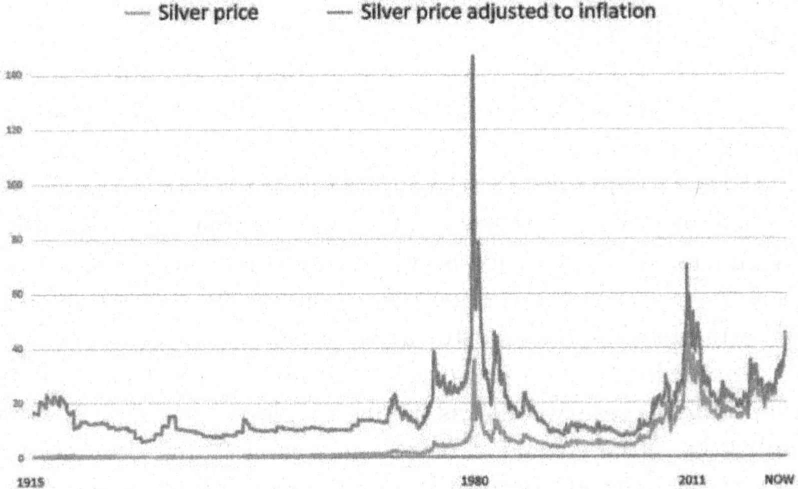

La escasez de plata física en Londres, junto con la inusual y marcada divergencia de precios que ha generado, ha obligado a algunos operadores a fletar envíos aéreos de pesados lingotes de 1000 onzas Good Delivery desde las cámaras acorazadas del COMEX en Nueva York hacia Londres. El diferencial de precio se ha ampliado hasta el punto de compensar con creces el alto costo del transporte aéreo, haciendo que la operación resulte rentable pese a las complejas y onerosas complicaciones logísticas que conlleva.

El envío por avión de metales preciosos es una práctica que normalmente se reserva al oro, por su mayor valor por kilogramo, como ocurrió a principios de 2025, cuando se trasladó oro por vía aérea hacia Estados Unidos ante los rumores de posibles aranceles a la importación. Que ahora se esté recurriendo a este método extremo para la plata es algo excepcional y refleja la enorme tensión que soporta actualmente el mercado físico londinense.

Uno de los principales desencadenantes de esta falta de plata física en Londres es el fuerte retroceso experimentado por las existencias a lo largo de los últimos años. Las reservas en la capital británica han pasado de un máximo de 1.180 millones de onzas troy en 2021 a apenas 790 millones de onzas en la actualidad, lo que supone una caída cercana al 33 %, tal como refleja la línea negra del gráfico inferior.

El descenso resulta todavía más acusado si se analiza únicamente la plata realmente disponible o «en libre circulación», es decir, excluyendo las posiciones de los nueve mayores ETF respaldados físicamente. Esta evolución aparece representada por la línea amarilla del mismo gráfico. Cuanto más se reducen los inventarios de plata física accesible, mayor es la fragilidad del mercado y más expuesto queda a episodios de escasez como el que estamos viviendo en estos momentos.

Uno de los motivos principales que justifican el fuerte agotamiento de las reservas físicas de plata en los últimos años, y que explica la actual situación de escasez, es el déficit crónico que arrastra el mercado desde hace unos cinco años. En todo este tiempo, la demanda ha superado de manera constante a la producción y al reciclaje, dejando un hueco anual cercano a los 150 millones de onzas troy, un desbalance que todo apunta a que se repetirá también en 2026.

Mientras persista este desequilibrio estructural, los inventarios visibles seguirán reduciéndose de forma inexorable, lo que hará que los episodios de tensión en el suministro sean no solo más habituales, sino también más severos. Este panorama se complica aún más ahora con el renovado interés de los inversores, que se ha acelerado tras la ruptura definitiva de la barrera psicológica de los 55 dólares la onza. En mi opinión, este nivel actuará como un catalizador definitivo y cambiará la forma en que el mercado percibe la plata, un metal que ha estado relegado a un papel secundario durante casi toda la última década y media.

El persistente déficit de plata se debe a una combinación de oferta cada vez menor y demanda creciente. En cuanto a la oferta, la producción mundial de plata en las minas ya alcanzó su punto máximo y ha estado disminuyendo durante la última década a medida que se agotan gradualmente los yacimientos económicamente viables. Y, con el paso del tiempo, es probable que esta escasez de plata se agrave.

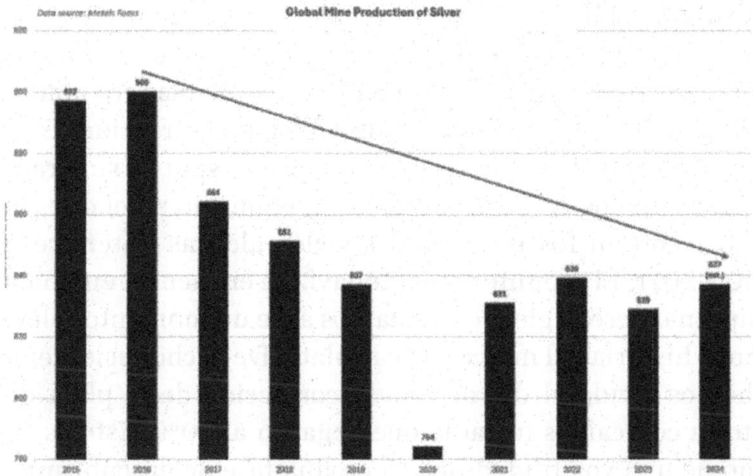

Paralelamente, la demanda de plata física ha aumentado con fuerza en varios sectores, especialmente por el rápido crecimiento de la industria de paneles solares. Conforme el mundo deja atrás los combustibles fósiles y avanza hacia fuentes de energía renovable, esta tendencia apenas está comenzando. El consumo de plata destinado a aplicaciones fotovoltaicas se ha casi triplicado en los últimos cuatro años, con un incremento notable de 143,1 millones de onzas. Con la intensificación de las iniciativas globales para ampliar la capacidad de energías limpias, se espera que esta demanda continúe al alza.

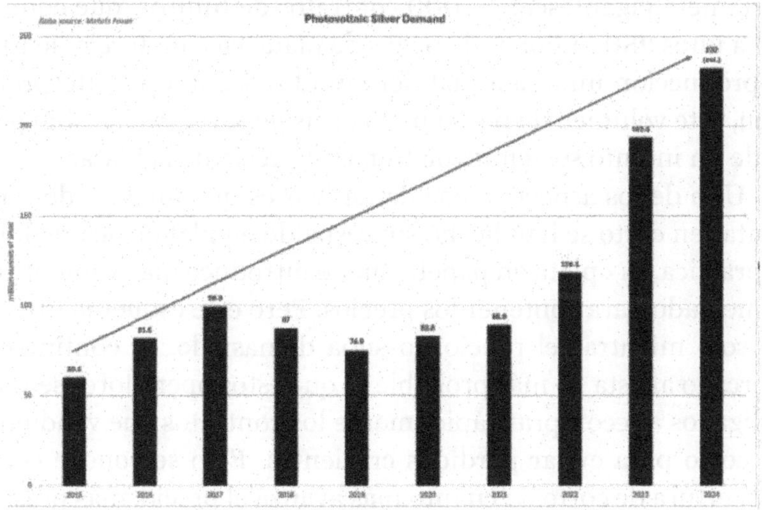

Aunque el interés inversor en plata ha permanecido relativamente contenido durante la mayor parte de los últimos diez años, considero que podría incrementarse de manera notable a medida que el mercado alcista del metal gane tracción. Esto es especialmente plausible ahora que el precio spot ha superado el umbral psicológico de los 50 dólares, el mismo nivel que actuó como techo en los dos grandes ciclos alcistas anteriores, en 1980 y 2011. El repunte actual todavía se encuentra en una fase temprana, pero sugiere que estamos ante un momento relevante en la historia del mercado de la plata. De hecho recientemente hemos vivido el día de mayor corrección de la plata de la historia con caidas intradia que llegaron al 40%. Esto es sinónimo de una volatilidad propia de una fase de descubrimiento de precios bestial.

Como ya he explicado, uno de los elementos que más puede impulsar el próximo gran movimiento alcista de la plata, así como la creciente demanda de plata física y la caída del valor de los productos de «plata en papel», será la necesidad de que ciertos grandes actores del mercado cierren sus enormes posiciones cortas en los futuros de plata del COMEX. Estas posiciones están principalmente en manos de las mesas de negociación de metales de grandes bancos como JPMorgan o UBS.

Estas entidades han acumulado durante años una posición corta neta gigantesca: 45.000 contratos de futuros, que equivalen a unos 280 millones de onzas de plata, casi un tercio de toda la producción minera anual del mundo. Según esta interpretación, este volumen de posiciones cortas no sería casual, sino parte de un intento sostenido de frenar el precio de la plata.

Uno de los aspectos más llamativos es que muchas de estas ventas en corto se han hecho sin respaldo en plata física real. En la práctica, es «plata en papel» que se introduce masivamente en el mercado para contener los precios. Pero este esquema funciona solo mientras el precio no suba demasiado. Si continúa el mercado alcista, lo más probable es que estos operadores se vean obligados a recomprar rápidamente los contratos que vendieron en corto para evitar pérdidas crecientes. Esto se conoce como «cobertura de cortos»: cuanto más avanza el precio, más presión sienten para cerrar sus posiciones, lo que a su vez empuja el precio aún más arriba.

Si la presión compradora se vuelve suficientemente fuerte, podría desencadenarse un auténtico *short squeeze,* un estrangulamiento de posiciones cortas, que dispararía el precio de la plata con mucha más fuerza. Dado el tamaño de las posiciones que mantienen, estos bancos podrían perder unos 280 millones de dólares por cada dólar que aumente el precio de la plata. Hablamos de más de 3000 millones de dólares de pérdidas para la gran banca de inversión que mantiene posiciones cortas y que desde luego va a querer cubrir con posiciones largas.

Todos los factores que he mencionado —la escasez de plata física en Londres, la reducción sostenida de las reservas disponibles durante los últimos cuatro años, el déficit estructural del metal, la fuerte demanda industrial frente a una oferta cada vez más limitada y, ahora, el renovado y creciente interés de los inversores han convergido para impulsar el precio de la plata hacia máximos históricos, aunque después se haya corregido.

En resumen, la escasez física de plata en Londres, también conocida como la crisis de la plata, forma parte de un proceso más amplio en el que la plata finalmente está alcanzando su máximo potencial y obteniendo el reconocimiento que merecía.

Creo que muchos inversores que antes ignoraban la plata ahora empiezan a fijarse en ella y cada vez invertirán más. En un mundo saturado de inversiones sobrevaloradas, la plata sigue siendo uno de los pocos activos que realmente está infravalorado. Este cambio de percepción y demanda disparará su precio, recompensando a quienes tuvimos la convicción de invertir pronto.

Las estimaciones más sensatas que encuentro parten de la perspectiva de analizar el performance de la plata en los anteriores ciclos económicos y ajustar al actual tercer gran ciclo. A modo de proyección y ayuda les dejo una tabla donde comparo el actual rendimiento de la plata en términos porcentuales, ajustando por las variables que considero más relevantes para su análisis: Precio Spot (contado), precio real (ajustado por inflación), ajustado por M2, ajustado por deuda americana y ajustado por índice Dow Jones industriales.

Rendimiento de la plata en mercados alcistas seculares

Indicador	Años 70	Años 2000	Tercer gran ciclo (actual)
Duración en meses	98	113	37
Precio spot de la plata	3631%	1130%	200%
Precio real de la plata	1860%	875%	177%
Oferta monetaria M2	1670%	634%	195%
Deuda nacional	1736%	410%	160%
Dow Jones	3745%	900%	98%

Como puedes apreciar, el recorrido que aún queda por delante es considerable, pero el proceso ya está claramente en marcha. Mientras concluyo la redacción de este capítulo, íntegramente dedicado al metal gris, continúo observando cómo la plata sigue cerrando su gap frente al oro: hemos pasado de una relación de 100 onzas de plata por una de oro a aproximadamente 58 onzas de plata por una de oro. ¡Qué manera de arbitrar una ineficiencia!

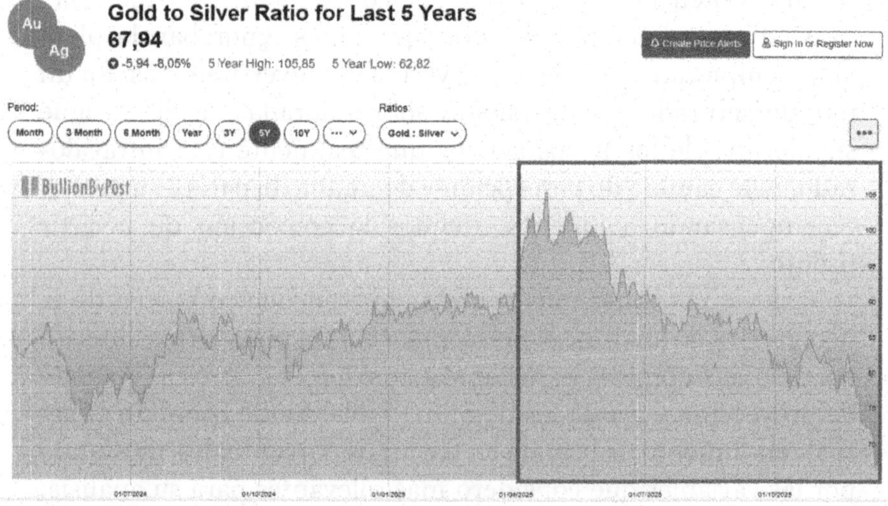

Últimamente, y en medio de este tercer gran ciclo de los metales, estamos observando cómo a los reguladores no les queda otra que intervenir. A medida que escribo este libro me veo obligado a retroceder y actualizar acontecimientos que jamás hemos vivido. Por ejemplo la intervención de las garantías de CME[40] en más de cuatro ocasiones para los futuros de la plata ha sido espectacular en el mes de diciembre del 2025 con subidas de hasta un 80% de colateral para evitar el riesgo sistémico de un apalancamiento que ha pasado de la ficción a la pura realidad. Contratar un futuro de la plata requería el 1 de diciembre 22.000 $ y ahora es probable que no baje de 38.000 $ con, ¡Garantías que ya no son fijas en dólares!

CME se cubre ante la potencial devaluación del dólar y ya no pide garantias nominales sino que ha indexado a un porcentaje fijo del nominal la garantía para convertirla en una garantía real.

Pero además de la tendencia estructural alcista que lleva la plata, sería poco disciplinado culpar de las últimas grandes subidas del recién iniciado 2026 (más de un 30%) a dicha tesis estructural sin introducir otros catalizadores más precisos.

¿Y si el último movimiento alcista de la plata no fuera un fenómeno de mercado convencional, sino una operación estratégica orquestada por Estados Unidos y JP Morgan para estrangular a China? Esta tesis plantea que el mercado de la plata estaría entrando en las primeras fases de un short squeeze masivo, con potencial para llevar el precio muy por encima de los 100 $/onza sin grandes resistencias aparentes.

El trasfondo sería eminentemente geopolítico. Estados Unidos estaría reduciendo activamente la presencia e influencia de China en América Latina, con movimientos recientes que apuntan en esa dirección, como el caso de Venezuela. En este contexto, China depende de forma crítica de la plata para su base industrial y, según esta tesis, se encontraría estructuralmente corta de metal físico.

40. CME (Chicago Mercantile Exchange) es el mayor mercado de derivados del mundo

Aquí entra en juego JP Morgan, que controlaría grandes volúmenes de plata y habría retirado oferta del mercado justo en el momento en que China más necesitaba comprar. Este movimiento habría elevado el precio y provocado un estrangulamiento deliberado de la demanda china. Aunque en Estados Unidos existe abundancia de plata, las refinerías están saturadas, lo que impide procesar y entregar el metal a tiempo. Esto explicaría la *backwardation* persistente en la curva.

El estrangulamiento no sería homogéneo, sino que dependería del lugar donde se demanda el metal. Es el fenómeno conocido como venue squeeze[41]: el activo existe a nivel global, pero no puede entregarse en determinadas regiones por cuellos de botella físicos. En China, los diferenciales de precio reflejan precisamente ese estrangulamiento regional, no una escasez global de plata, lo que explicaría los amplios spreads vividos de más de 15 $ frente al mercado estadounidense.

Pero lo cierto, es que los mercados han corregido las enormes subidas del 2026 recordándonos: que ningún movimiento sube en línea recta.

El 28 de enero de 2026, la plata alcanzó un máximo histórico de 121,67 dólares por onza. Lo que habíamos anticipado —el estrangulamiento físico, la presión sobre las posiciones cortas, la confluencia de todos los factores estructurales— se materializó de forma casi quirúrgica. Fue un momento de validación para quienes llevábamos años sosteniendo esta tesis.

Lo que vino después fue igualmente histórico, aunque por razones distintas.

El 30 de enero, la plata registró la mayor caída en un solo día de su historia moderna: un desplome del 31% intradiario. El detonante fue el mismo mecanismo que ya habíamos visto en diciembre, pero amplificado: el CME Group elevó las garantías hasta el

41. Un *venue squeeze* es un estrangulamiento de oferta localizado, no global. Se produce cuando un activo existe en cantidad suficiente a nivel mundial, pero no puede entregarse en un mercado, región o «venue» concreto por cuellos de botella físicos, logísticos, regulatorios o de refinado. El resultado es una fuerte distorsión de precios entre mercados

15% del nominal, y posteriormente al 18%, en apenas días. Quien tenía cinco contratos abiertos necesitaba aportar entre 150.000 y 200.000 dólares adicionales de la noche a la mañana, o asumir la liquidación forzosa. El mercado se convirtió en una cascada de ventas involuntarias. La plata, que había tardado meses en construir su impulso, cedió casi la mitad de su valor en horas.

A esto se sumó el contexto macro: la nominación de Kevin Warsh como nuevo presidente de la Reserva Federal —un perfil marcadamente *hawkish*— y la escalada arancelaria de la administración Trump, que fortaleció el dólar y pesó sobre todos los activos reales. El resultado fue una corrección del 44% desde máximos en pocas semanas. Muchos titulares declararon el fin del ciclo.

Pero los fundamentales no han cambiado. Ni el déficit estructural, ni las reservas en Londres, ni la demanda industrial, ni la posición relativa de China. Sólo había cambiado el apalancamiento visible en el mercado de futuros.

La recuperación, aunque gradual ya ha comenzado. A medida que redacto estas líneas, en abril de 2026, la plata cotiza en el rango de 70-77 dólares por onza (a pesar de la intervención en Irán) y todavía un 134% por encima de donde estaba hace un año. El mercado alcista secular no ha terminado; simplemente ha purgado el exceso de apalancamiento que toda fase eufórica genera. Las estimaciones más conservadoras del consenso apuntan a niveles de 95-106 dólares para finales del 2026, aunque mi tesis estructural es más sólida y sigue apuntando mucho más arriba.

Para quien invirtió con convicción y sin apalancamiento, la corrección fue ruido. Para quien llegó tarde y con deuda, fue una lección cara. Esta distinción —entre el inversor estructural y el especulador oportunista— es, quizás, la lección más valiosa que deja este episodio. El activo correcto en el ciclo correcto no basta: también hay que saber cómo sostenerlo cuando el mercado pone a prueba tu tesis con la violencia que sólo los mercados de materias primas pueden desplegar.

9

Las mineras de oro. Apalancar el oro

La mayoría de nosotros, cuando piensa en el oro, imagina lingotes brillantes alineados en cámaras acorazadas, anillos en escaparates bien iluminados o gráficas en informes financieros para inversores. Pocas veces nos paramos a pensar en el origen real del metal. Es decir, en cómo se extrae de la tierra.

El oro, antes de convertirse en un activo financiero global, es un mineral atrapado en la corteza terrestre. Para transformarse en un activo útil, debe atravesar un proceso largo, costoso y de gran incertidumbre. Un proceso continuo de prueba y error. Me estoy refiriendo, claro está, a la minería.

Las empresas mineras son el punto de partida de lo que ocurre luego con el oro. Sin ellas, no habría reservas en bancos centrales, joyas, inversiones o tecnología. Todo tiene su origen en un yacimiento remoto, a menudo en una región difícil, donde unas pocas compañías asumen grandes riesgos para arrancar metales del suelo.

La minería del oro, aunque es la base fundamental de toda la industria, es la parte menos conocida por el gran público. Se trata de una industria extremadamente compleja, con muchos desafíos técnicos, decisiones estratégicas y riesgos que abarcan desde la geología a la geopolítica. Necesitamos entender cómo funciona y cuál es la relación entre minería y economía mundial. Y eso es lo que vamos a ver en este capítulo: cómo funciona una mina, cómo se financian las empresas extractoras, por qué algunas zonas del mundo son más valiosas que otras y qué relación hay entre los ciclos de las mineras y los ciclos del oro, entre otros aspectos.

Cómo funciona una minera de oro

La minería es, en buena medida, un acto de fe, ya que, incluso con tecnología avanzada, geólogos expertos y miles de perforaciones, nadie puede saber con certeza lo que hay debajo de la superficie. Esta incertidumbre convive con la exigencia del capital y la presión de los mercados.

Recientemente, tuve la oportunidad de visitar la mina de Gualcamayo, en San Juan (Argentina), cuyo dueño es amigo mío, y te aseguro que pocos negocios son tan arriesgados y están tan cargados de incertidumbre como el de una mina de extracción de metales. Una de las cosas que más me sorprendieron es que la cantidad de oro que se extrae por tonelada de roca es, en promedio, ridícula (a esta concentración se llama *ley*).

Tabla 9.1.

LEY MEDIA DEL MINERAL DE ORO

Minería a cielo abierto (open pit)[31]	Minería subterránea
Aproximadamente, entre 0,5 a 1 gramos de oro por tonelada de roca (g/t). Muchas explotaciones modernas operan con leyes incluso cercanas a entre 0,3 y 0,6 g/t, debido a economías de escala y precios elevados del oro.	Suele requerir leyes más altas para ser rentable: de 3 a 4 g/t. En yacimientos excepcionales puede superar los 15-20 g/t.

31. El *open pit* es un método de explotación minera a cielo abierto que consiste en extraer el mineral desde la superficie hacia abajo, mediante una gran excavación en forma de cráter escalonado. Para ello, la roca se perfora y se fragmenta mediante voladuras controladas, diseñadas con gran precisión, que permiten romper enormes volúmenes de material y facilitar posteriormente su carga, transporte y procesamiento con maquinaria pesada.

Tabla 9.2.

DIFERENCIA FRENTE A LA MINERÍA SUBTERRÁNEA

Open pit (cielo abierto)	Minería subterránea
Gran volumen	Menor volumen
Ley baja	Ley alta
Menor coste por tonelada	Mayor coste por tonelada
Mayor impacto visual	Menor impacto superficial
Operación más simple	Operación más compleja

¿Te imaginas un frigorífico gigante lleno con mil botellas de agua de 1 litro cada una? Extraer 1 gramo de oro por tonelada de roca sería equivalente a obtener una sola gota de agua de una de esas mil botellas elegida al azar de entre las demás. Ahora pon dinero para eso.

Pero sigamos avanzando en el complejo mundo de la exploración y extracción. Toda mina pasa cuatro grandes fases: exploración, desarrollo, producción y cierre. Cada una tiene su propia lógica, sus riesgos específicos y su impacto financiero.

Fase 1: exploración

La exploración minera es una mezcla de ciencia, experiencia y mucha suerte. Los geólogos analizan formaciones rocosas, estudian mapas geológicos, identifican anomalías magnéticas o geoquímicas y perforan el suelo en busca de indicios. Puede llevar años sólo reunir pruebas suficientes para determinar si un área posee potencial.

Esta fase es la más incierta de todas. La mayoría de los proyectos exploratorios fracasan: no encuentran suficiente oro o lo encuentran en cantidades o concentraciones que no compensan la inversión. Por cada mina que llega a producción, hay cientos de proyectos que mueren en la fase exploratoria.

Las empresas que operan aquí se llaman *juniors*, y sus modelos de negocio son radicalmente distintos a los de las grandes mineras. Viven de levantar capital, perforar, comunicar resultados y volver a levantar capital. Invierten dinero, pero no generan ingresos. Son empresas de alto riesgo, aunque también, si tienen éxito, de altísimo apalancamiento operativo.

Fase 2: desarrollo

Cuando la exploración sugiere (y es una sugerencia o estimación) que hay suficiente oro para justificar un proyecto, comienza la fase de desarrollo. Aquí es donde el riesgo baja un poco, pero el coste se dispara. Construir una mina implica carreteras, energía, plantas de procesamiento, túneles o fosas a cielo abierto... Sin olvidar los acuerdos con comunidades, los permisos ambientales, los estudios de impacto, la maquinaria, los sistemas de bombeo y la seguridad, además de los sueldos de cientos de trabajadores.

Desarrollar una mina puede costar entre 200 y 2.000 millones de dólares, dependiendo de su tamaño y ubicación. Además, no es rápido: esta fase suele durar entre tres y diez años.

En este momento surgen dos retos fundamentales:

- **La financiación**: pocas empresas junior tienen el capital necesario, por lo que muchas venden el proyecto a empresas medianas o grandes.
- **La regulación**: incluso un buen proyecto puede morir si no obtiene permisos.

Fase 3: producción

Por fin, la mina entra en producción. Es el momento en el que el proyecto empieza a generar ingresos y en el que las mineras major y mid-tier —más adelante veremos las características de cada una— muestran sus fortalezas. La producción puede durar de cinco a treinta años o más, en función de la extensión del yacimiento y de su ley.

Aquí entra en juego uno de los conceptos clave de toda la industria: el AISC, o *all-in sustaining cost*, que explicaré pronto. Te anticipo que, básicamente, es el coste real de producir una onza de oro, incluidos el mantenimiento, la exploración interna, la administración y otros gastos.

La fase de producción no es estable. La ley del mineral puede bajar, los costes pueden subir, los equipos se pueden desgastar y los precios del oro pueden fluctuar, como ya hemos visto. Una mina es, por tanto, como un organismo vivo: cambia continuamente y requiere de inversión constante.

Fase 4: cierre

Ninguna mina es eterna. Cuando se agota el mineral, o cuando ya no es rentable seguir extrayéndolo, comienza la fase de cierre. Esto implica rehabilitar el terreno, tratar los residuos, sellar túneles, rellenar fosas y devolver el entorno a un estado seguro y ambientalmente estable.

El cierre puede costar decenas o cientos de millones de dólares. Por eso las mineras deben provisionar esos costes desde el inicio del proyecto.

Cómo funciona financieramente una minera

La minería es una industria de altísimo apalancamiento operativo: pequeños cambios en el precio del oro pueden aumentar o disminuir mucho los beneficios de una compañía.

Para entenderlo, debemos comprender una serie de conceptos clave. Veamos los esenciales.

El AISC: el termómetro de la industria

El *all-in sustaining cost* es la métrica reina de la minería aurífera (o sea, del oro). Indica cuánto cuesta producir una onza de oro, incluidos todos los gastos necesarios para mantener la operación. No se trata sólo del coste directo de extraer mineral. También incluye:

1. El mantenimiento de maquinaria.
2. La perforación interna.
3. La administración.
4. La seguridad.
5. La gestión ambiental.
6. La rehabilitación parcial.
7. La expansión interna.

Si una minera tiene un AISC de 1.200 dólares y el oro cotiza a 1.800, su margen es de 600 dólares por onza. Este margen es el alma de la rentabilidad minera.

Para que te hagas una idea, las mineras de oro cubren, en promedio, todos los costes asociados AISC a partir de los 1.500 dólares por onza. Es decir, a partir de esos niveles aflora el beneficio neto. ¿Entiendes ahora el alto apalancamiento que subyace en este tipo de proyectos?

Recuerdo cuando empecé a hablar de las mineras de oro, allá por el 2022, y del enorme infravalor que había detectado. Muchos me increpaban con argumentos que, aun siendo importantes, resultaban banales para mí: AISC muy elevados, inflación de segunda ronda elevada, desincentivos a la producción, riesgos regulatorios crecientes... Ninguno podía con el auténtico y verdadero catalizador: el oro había iniciado un tercer gran ciclo alcista. He aquí por qué el mercado había infravalorado a las mineras de oro. Muchos no creían o no habían descubierto el alto potencial en el que había entrado el oro.

Aunque no lo parezca, llevar la contraria al mercado es muy complicado, pues te mantiene en una situación de soledad permanente. Meses después las mineras multiplicaron varias veces su valor.

En el gráfico que muestro a continuación puedes ver el enorme gap que llegó a existir entre el oro y el precio de las mineras de oro medido por el índice HUI, que es el *ticker* del NYSE Arca

Gold BUGS Index, un índice bursátil que agrupa a las principales compañías mineras de oro que no cubren el precio futuro de su producción (de ahí el acrónimo BUGS que aparece en el nombre del índice: *basket of unhedged gold stocks)*.

Ley del mineral y Cut-Off Grade

Como te he explicado, la ley del mineral es la concentración de oro en la roca, medida en gramos por tonelada (g/t). Cuanto mayor es esta ley, menos roca necesitas para obtener una onza. Un yacimiento de 8 g/t es espectacular; uno de 1 g/t, por ejemplo, sólo será rentable si el depósito es grande y los costes están bajo control.

El *cut-off grade*, por su parte, es el umbral mínimo para que la roca sea económicamente viable. Si el precio del oro sube, el *cut-off* baja y más roca se convierte en mineral. Si el precio baja, ocurre lo contrario.

Esta relación convierte a las mineras en activos extremadamente sensibles al mercado, a menudo, con una volatilidad a prueba de corazones robustos.

Apalancamiento operativo

Las mineras tienen costes fijos muy altos. Cuando el precio del oro sube, los ingresos aumentan directamente, pero los costes no necesariamente lo hacen. A esto lo llamamos *apalancamiento operativo*, y el resultado es que tus beneficios pueden llegar a multiplicarse. Por eso, históricamente, cuando el oro sube un 10 por ciento, muchas mineras suben un 20 por ciento o incluso más. Pero, cuidado, como todo apalancamiento, éste puede ir en tu contra y multiplicar tus pérdidas si el oro corrige.

El apalancamiento operativo es la razón por la que muchos inversores prefieren mineras a oro físico. Aunque, por supuesto, el riesgo también es mucho mayor.

Grandes categorías de mineras

Como he apuntado, en el sector de la minería del oro existen diferentes categorías de empresas. De hecho, forman un ecosistema tan variado como el de los propios yacimientos que explotan. Encontramos desde gigantes multinacionales con decenas de operaciones distribuidas por el mundo hasta pequeñas firmas exploradoras que apenas cuentan con un puñado de geólogos y un campamento improvisado en cualquier lugar del planeta.

A grandes rasgos, el universo de las mineras se divide en tres categorías principales: majors, mid-tiers y juniors. Cada una responde a una lógica financiera y operativa distinta, y cada una cumple un rol específico en la industria del oro.

Majors: los gigantes

Son las grandes multinacionales mineras, compañías como Newmont, Barrick Mining, AngloGold Ashanti o Agnico Eagle. Producen cientos de toneladas de oro al año, con operaciones diversificadas en múltiples países y con equipos técnicos enormes. Sus características clave son:

1. **Diversificación geográfica:** operan en varias jurisdicciones para mitigar riesgos. Si un país cambia su legislación o sufre un conflicto, la empresa no queda paralizada, aun-

que, obviamente, el contexto influye en su cotización. Esto lo vivimos con la mina de Barrick Gold, Loulo-Gounkoto,[32] en Malí.

2. **Reservas gigantescas:** suelen tener millones de onzas en reservas probadas y probables, lo que les garantiza décadas de producción.
3. **Solidez financiera:** cuentan con acceso a deuda barata, capacidad de emitir acciones, alianzas estratégicas y un flujo de caja estable incluso cuando el precio del oro cae.
4. **Eficiencia tecnológica:** son las primeras en adoptar automatización, análisis avanzados, monitoreo geotécnico y sistemas logísticos complejos.
5. **M&A (mergers and acquisitions, «fusiones y adquisiciones») como motor de crecimiento: cuando sus propias reservas comienzan a reducirse, no dudan en comprar juniors prometedoras o mid-tiers que hayan desarrollado buenos proyectos. Es parte natural de su modelo de negocio.**

Las majors son las empresas más estables del sector, pero no necesariamente las más rentables para un inversor especulativo. Su tamaño reduce el riesgo, pero también limita el apalancamiento operativo dentro de un sector, ya de por sí apalancado operativamente.

Mid-Tiers: los escaladores agresivos

Son empresas medianas que operan varias minas, pero no tienen ni la magnitud ni la estabilidad de las *majors*. Sin embargo, suelen ser las más interesantes desde un punto de vista de crecimiento, ya que están en plena fase de expansión. Sus características distintivas son:

32. Barrick Gold tuvo problemas operativos en la mina de Loulo-Gounkoto, en Malí, principalmente por la inestabilidad política y de seguridad, lo que afectó a la producción, elevó los costes y penalizó en exceso el valor.

1. **Crecimiento acelerado: compran proyectos, amplían minas existentes o descubren extensiones nuevas. Están continuamente aumentando la producción.**
2. **Riesgo intermedio:** menos diversificación que las majors, pero más músculo financiero que las juniors.
3. **Apetito por la innovación:** experimentan con nuevas tecnologías antes que las *majors*, pero también asumen mayores riesgos operativos.
4. **Sensibilidad fuerte al precio del oro: mientras que las majors son capaces de aguantar periodos largos de precios bajos, una mid-tier puede sufrir mucho más. Aunque, cuando el precio sube, sus márgenes se expanden brutalmente.**

Para muchos inversores institucionales, las mid-tiers son el *punto dulce*: empresas lo bastante grandes para ser estables, pero lo bastante pequeñas para crecer rápido. No tienen la volatilidad de las juniors, pero sí más apalancamiento operativo que las majors.

Juniors: los exploradores

Son el espíritu emprendedor de la industria minera. Empresas pequeñas, muchas veces con menos de treinta empleados, cuya misión principal es explorar y descubrir nuevos depósitos de oro. No producen oro: su negocio es crear valor geológico. Su modelo funciona así:

- Levantan capital.
- Exploran un terreno.
- Publican resultados.
- Si el depósito es prometedor, aumenta su valoración.
- Buscan financiación o venden el proyecto a una empresa mayor.

Las juniors son fundamentales porque, sin descubrimiento, no hay industria. Las majors y las mid-tiers viven de un *pipeline* (una cartera) constante de nuevos depósitos, y la mayoría de éstos provienen del trabajo inicial de las juniors. Hay que tener en cuenta, no obstante, que el riesgo de las juniors es extremo, pues:

- Muchas de ellas no llegan nunca a descubrir nada significativo.
- Algunas encuentran depósitos, pero en jurisdicciones inestables.

La minería está llena de historias épicas de juniors que encontraron depósitos gigantes y cambiaron por completo el *mapa* de un país, pero también está repleta de proyectos que murieron antes de comenzar. La magia —y, al mismo tiempo, la tragedia— de esta categoría es que es imposible separar del todo la ciencia de la suerte.

Geopolítica del oro: regiones ricas y regiones estériles

La minería del oro está muy condicionada por la geopolítica. Los depósitos no se distribuyen de manera uniforme en el planeta, sino que hay regiones ricas y regiones estériles. Esta desigualdad crea tensiones, dependencias y riesgos permanentes. Además, los gobiernos de muchos países consideran los recursos minerales como activos estratégicos, de manera que la interferencia política puede distorsionar la eficiencia operativa.

El oro se concentra principalmente en:

- África (Ghana, Sudáfrica, Malí, Burkina Faso y Tanzania).
- América (Canadá, EE. UU., México, Perú y Brasil).
- Australia.
- China y Asia Central

Cada región tiene sus fortalezas y sus amenazas.

África: riqueza inmensa, riesgo elevado

África es uno de los continentes más ricos en recursos auríferos, pero también uno de los más volátiles. Países como Ghana y Sudáfrica han tenido históricamente sectores mineros robustos y relativamente estables. Otros, como Malí y Burkina Faso, se enfrentan a riesgos crecientes de golpes de Estado, insurgencias armadas y regulaciones impredecibles.

Para una minera, operar en África ofrece grandes ventajas:

- Leyes del mineral muchas veces superiores a las de otras regiones.
- Costes laborales y operativos más bajos.
- Depósitos gigantes aún por descubrir.

Pero también entraña peligros:

- Inestabilidad política.
- Ataques a convoyes y campamentos.
- Tensiones con comunidades locales.
- Cambios fiscales repentinos.

África simboliza perfectamente la ecuación riesgo-recompensa del sector de la minería del oro.

América del norte: jurisdicciones seguras

Canadá y Estados Unidos son considerados los lugares más seguros del mundo para la minería. Sus principales ventajas son:

- Normativas claras.
- Respeto a la propiedad privada.
- Infraestructuras de primer nivel.

- Acceso fácil al capital.
- Mano de obra cualificada.

La desventaja es que muchos depósitos ya están maduros, por lo que los descubrimientos nuevos son menos frecuentes que en África o América Latina. Aun así, las minas de Nevada, Ontario o Quebec siguen siendo algunas de las más productivas y rentables del planeta.

América Latina: oportunidades gigantes, desafíos constantes

América Latina es un imán para la minería global. Perú, México, Brasil, Argentina y Chile albergan en la actualidad algunos de los proyectos auríferos más grandes del mundo. Ahora bien, estos países no están libres de tensiones sociales, movimientos antiminería y burocracias complejas.

Entre los desafíos principales se incluyen los siguientes:

- Permisos lentos.
- Conflictos con comunidades indígenas.
- Cambios tributarios frecuentes.
- Problemas en infraestructuras remotas.

A pesar de estos riesgos, el potencial geológico es inmenso, y la región sigue atrayendo inversiones masivas.

Australia: el equilibrio perfecto

Australia combina estabilidad política, excelentes infraestructuras y una cultura minera profundamente arraigada. Muchas de las minas más eficientes del planeta están en el oeste del país, donde operan algunas majors con niveles de productividad impresionantes. Es una de las regiones más competitivas del mundo, aunque, también, una de las más caras.

China y el resto de Asia: la potencia controlada

China es el mayor productor de oro del mundo, pero su industria resulta peculiar: está extremadamente fragmentada y muy influida por el Estado. Las regulaciones restrictivas dificultan la participación de inversores extranjeros y limitan la transparencia del sector. Aun así, la importancia de China es enorme, tanto por su producción como por su consumo interno.

Cómo analizar una minera desde el punto de vista del inversor

Para un inversor, analizar una minera es una tarea compleja. No basta con mirar sus ingresos o beneficios. La minería es una industria en la que el valor se esconde bajo tierra, literalmente. Una compañía puede generar poco flujo de caja hoy, pero tener un depósito extraordinario cuya vida útil garantice una década de producción rentable.

A continuación, te presento los parámetros clave que se utilizan en el análisis profesional.

Reservas y recursos

Una minera vale lo que tiene en el subsuelo. Por un lado, sus recursos, que son estimaciones geológicas preliminares. Por otro, sus reservas, que son la parte de los recursos económicamente rentables de extraer. Los analistas estudiamos no sólo la cantidad, sino también la calidad del depósito:

- La ley (g/t).
- El tipo de mineralización.
- La profundidad.
- La geometría.
- La continuidad.
- La relación estéril-mineral.

Las reservas son el indicador más importante del futuro de una minera.

AISC y costes operativos

Como hemos visto antes, el AISC determina la rentabilidad real. Dos mineras pueden producir lo mismo, pero la que tenga mejores costes resistirá mejor las caídas del precio del oro. Un AISC competitivo suele estar entre los 1.000 y 1.300 dólares por onza. No hace falta ser muy listo para inferir el porqué de las espectaculares subidas del año 2025.

Producción anual y vida útil de la mina

La producción anual determina los ingresos presentes; la vida útil determina la duración del negocio. Lógicamente, una mina con diez años por delante vale más que otra con sólo cuatro, incluso si producen lo mismo hoy.

Jurisdicción

Muchos inversores novatos ignoran el riesgo político, lo cual es un error. Una mina en Canadá vale más que una mina idéntica en un país políticamente inestable. Los factores que se deben tener en cuenta en este sentido son:

- La seguridad jurídica.
- Los impuestos.
- La estabilidad política.
- El cumplimiento regulatorio.
- El historial social.
- La infraestructura.

Equipo directivo

La minería es una industria en la que el talento del equipo lo es todo. Una mala gestión puede arruinar incluso el mejor depósito. Es preciso saber, explorar, gestionar comunidades, optimizar costes, analizar la geología, dirigir operaciones...

Los analistas suelen fijarse en:

- La reputación del CEO y del equipo técnico.
- El historial de proyectos anteriores.
- La disciplina financiera.
- La claridad estratégica.

Cuando me enteré de la salida del CEO de Barrick Mining, Mark Bristow, automáticamente decidí vender una parte de mi inversión en la minera. Para mí, la salida de Marc, sería el equivalente a ser accionista del Real Madrid y *padecer* la dimisión de su presidente, Florentino Pérez. ¿Te sentirías igual de tranquilo?

Flujo de caja y estructura financiera

Un buen proyecto no sirve de nada si la empresa está endeudada hasta el cuello o diluye continuamente al accionista. Por eso hay que analizar lo siguiente:

- El capital disponible.
- La deuda.
- El flujo de caja operativo.
- El gasto de capital (*capex* y *opex*, es decir, los gastos de capital, como los de construir una mina y comprar maquinaria pesada, y los gastos operativos, como los de los sueldos y pagar la factura de la luz).
- La dilución de acciones.

Mineras cotizadas: por qué no siempre acompañan al oro

Cuando empiezas a estudiar el mundo del oro, es fácil pensar lo siguiente: «Si las mineras producen oro, sus acciones deben subir cuando sube el oro». Pero no siempre es así, como nos demuestra la historia. Desde 1971, se han vivido periodos en los que:

- El oro subía y las mineras no lo acompañaban.
- Las mineras subían y el oro estaba prácticamente plano.
- El oro caía y las mineras se derrumbaban aún más.

¿Por qué ha ocurrido esto? ¿Por qué el oro y las mineras no van siempre a la par? La respuesta es sencilla y compleja a la vez: porque las mineras son empresas, no lingotes. Y, como cualquier empresa, están expuestas a una amplia gama de factores que no siempre tienen que ver con el precio del metal.

Para entenderlo mejor, vamos a recorrer brevemente los grandes ciclos del mercado desde 1971 hasta la actualidad, no sin antes mostrarte un gráfico en el que oro y mineras correlacionan positiva y negativamente a lo largo de la historia.

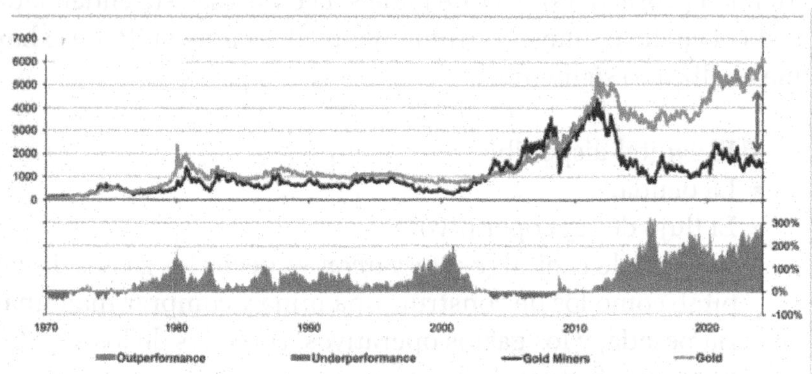

1971-1980: Nacimiento del oro moderno y primer desacople

Como hemos visto, en 1971, con la ruptura de Bretton Woods, el oro pasó de 35 dólares por onza a moverse libremente en el mercado. Fue el comienzo del primer gran ciclo moderno del metal. Durante buena parte de la década, subió a una velocidad que nadie había visto antes, impulsado por:

- Una inflación altísima.
- La crisis del petróleo.
- La desconfianza en el dólar.
- Las tensiones geopolíticas.

En los primeros años del ciclo, las mineras lo hicieron mejor que el oro. Sus márgenes se expandían porque los costes todavía estaban contenidos y los inversores habían descubierto en el oro un activo que no sólo protegía, sino que también te enriquecía. Pero hacia final de la década, ocurrió algo clave que se ha repetido muchas veces en la historia: cuando la inflación se disparaba, los costes de las mineras también lo hacían. Energía, salarios, materiales, transporte... Todo se volvía (y se vuelve) más caro.

¿El resultado? En la parte final del ciclo alcista, justo cuando el oro estaba alcanzando sus máximos históricos en 1980, las mineras empezaron a flojear. Subían, sí, pero mucho menos. Su rentabilidad relativa frente al oro cayó. Fue la primera vez que se comprobó que la inflación alta no siempre es amiga de las mineras, aunque impulse al oro.

1980-2000: Dos décadas duras para el oro... y peores para las mineras

En 1980, Paul Volcker, presidente de la Fed en aquella época, subió los tipos de interés hasta niveles históricos del 20 por ciento para combatir una inflación que se había disparado hasta el 15 por ciento estructural. Como consecuencia de esto, se produjo una gran deflación que hizo corregir al oro desde los 850 dólares hasta la zona de los 250. Fue un mercado bajista que duró casi veinte años. Fíjese el lector en que en ese año el oro caía a pesar de que seguía existiendo inflación, pero, como ya hemos señalado a lo largo del libro, el oro no se revaloriza por la mera existencia de inflación, sino porque se forman expectativas de que dicha inflación no podrá ser corregida de manera creíble por las autoridades monetarias. Ésa es la principal función del oro: proteger contra la incertidumbre monetaria. Cuando Volcker subió los tipos de interés hasta el 20 por ciento, provocó una gran recesión que le costó la presidencia al que era el entonces presidente de EE. UU., Jimmy Carter, en favor de Ronald Reagan, que también las pasó canutas. Éste es un claro ejemplo de momento en el que nuestro oro pesa demasiado en nuestras carteras y conviene vender.

En ese periodo, las mineras vivieron casi todos los problemas imaginables:

- Costes laborales crecientes.
- Un menor interés de los inversores.
- Dificultades financieras.
- Adquisiciones fallidas.
- La caída del precio del metal.
- Fallos en el *asset allocation* (malas decisiones en la asignación del capital).
- Pésimos CEO.

Además de sufrir la bajada del oro, las mineras se enfrentaron otro factor crucial: la bolsa estaba en pleno superciclo alcista, que duró desde los años ochenta hasta 2000. Se daban las dos circunstancias clave para reducir la exposición en oro: el alto coste de oportunidad del metal y el inicio de un ciclo de expansión (fin de la deflación).

En la práctica, en este periodo se asentó una idea que vuelve una y otra vez: cuando la bolsa está en *modo expansión*, las mineras son ignoradas, incluso si el oro se mantiene estable. Sin embargo, como ya sabes, en la bolsa nada es lineal, y en 2025 vimos bolsas que hicieron máximos históricos, con unas mineras que lograron también rentabilidades históricas. De hecho, las mineras de oro subieron diez veces más que las bolsas en promedio. Casi nada...

2001-2011: La década prodigiosa para las mineras

El cambio de milenio marcó un punto de inflexión. Tras la caída de las puntocom, el dólar empezó a debilitarse, los tipos reales bajaron y el oro comenzó un nuevo ciclo alcista que duró una década entera. ¿Y qué pasó con las mineras? ¡Que subieron más que el oro! Ya sabes que las mineras de oro son apalancamiento operativo y que su mejor momento se da cuando el metal está a punto de entrar en un nuevo ciclo alcista que el mercado aún no ha detectado (finales del año 2023).

Entre las razones que explican el segundo ciclo de las mineras, éstas me parecen las más importantes:

- Venían muy infravaloradas tras 20 años de mercado bajista.
- Los costes eran relativamente bajos.
- Las empresas eran más disciplinadas.
- Se produjeron descubrimientos significativos y aparecieron nuevas tecnologías.
- Entró un enorme flujo de capital.
- Y, sobre todo, el oro estaba en su segundo gran ciclo alcista.

Pero incluso en este ciclo ejemplar hubo una fractura clara:

- De 2001 a 2008, las mineras superaron ampliamente al oro.
- A partir de 2008 (año de la crisis financiera), el oro se mantuvo firme, pero las mineras se hundieron.

¿Por qué se hundieron? Porque durante las crisis sistémicas, las mineras se comportan como lo que son: acciones, es decir, activos de riesgo. El oro físico actúa como refugio, pero las mineras son víctimas del *sell-off* (ventas forzadas) y el pánico generalizado.

Este episodio demuestra que incluso en un gran ciclo alcista del oro, las mineras no siempre responden con la misma dinámica si las circunstancias del marcado así lo exigen.

2011-2015: Fin del segundo gran ciclo y gran corrección de las mineras de oro

El año 2011 marcó un máximo histórico. De ahí en adelante, el oro corrigió de forma dolorosa: cayó casi un 45 por ciento en cuatro años. Pero las mineras lo pasaron mucho peor. ¿Por qué el castigo fue tan brutal? Aquí tienes algunas razones:

- Costes excesivos después de años de euforia.
- Adquisiciones ineficientes en la parte alta del ciclo.
- La caída de la ley del mineral en muchas minas.
- Problemas sociales y ambientales.
- Balances endeudados.
- Demasiada dilución de acciones.
- Y, sobre todo, la percepción de que el oro ya no era necesario (ya sabes: deflación sumada a valoraciones muy deprimidas de las bolsas).

2016-2020: Rebote, recuperación y ciclo híbrido

En 2016, tras el colapso, las mineras estaban tan extremadamente baratas que bastó un tímido repunte del oro para que sus acciones se dispararan. Después, entre 2018 y 2020, el oro volvió a subir con fuerza, hasta alcanzar un nuevo máximo histórico. Las mineras acompañaron, pero no del todo, ya que empezaban a influir estos factores:

- AISC elevados y en aumento.
- La presión ESG (es decir, en materia medioambiental, social y de gobernanza).
- Una mayor presión regulatoria.
- La preferencia de los inversores por oro a través de ETF.
- La falta de grandes descubrimientos.

Parte del mercado no quería asignar su capital en mineras de oro en un ciclo en el que las *quantitative easing* de la Fed (las políticas de expansión cuantitativa) estaban claramente tirando de los índices.

2020-2025: Oro en máximos, mineras en ascenso

El oro marcó máximos nominales varias veces desde 2020, pero las mineras tardaron en subir con la misma fuerza. Pudieron influir varias cosas:

- La memoria traumática de los inversores: muchos recuerdan el colapso del periodo 2011-2015, cuando las mineras destruyeron valor.
- La mayor competencia del oro físico (ETF): invertir en oro se ha vuelto tan fácil que muchos prefieren evitar el riesgo empresarial.
- Un coste energético y laboral muy alto, especialmente en países mineros clave.
- Presión ESG: la minería es un sector bajo lupa, lo que limita los flujos y la valoración.
- Falta de descubrimientos importantes: la oferta nueva es escasa y cara de desarrollar.
- El recuerdo de malos CEO que han sido malos asignadores del capital.
- Y lo más importante: parte del mercado no había visto que el oro acababa de comenzar su tercer gran ciclo.

Esto es muy importante entenderlo, porque desde el año 2020 hasta el 2023 el oro no conseguía superar los 2.000 dólares por onza, con lo que los márgenes de las mineras eran demasiado estrechos como para atraer capital con suficiente seguridad. Hasta que, a finales del 2023, el oro rompió la resistencia tan grande que se había formado en forma de triple techo y que daba inicio al tercer gran ciclo y, con él, a la percepción por parte del mercado de que las mineras estaban infravaloradas.

Como consecuencia de ello, en 2025 las mineras tuvieron uno de los mayores *rallies* de su historia, con más de un 150 por ciento de subida en promedio. La razón fundamental descansa en que el oro ha iniciado su tercer gran ciclo alcista.

Conclusiones sobre la minería del oro

Si tuviera que resumir lo que hemos visto sobre la minería del oro, diría que, mientras que el oro es un activo real, las mineras son activos financieros y, por tanto, negocios que pueden hacerlo bien o mal. Existe una correlación entre el oro y las mineras a largo plazo, pero es muy variable en periodos cortos y medios, y depende tanto de factores propios del oro como de factores propios del mercado bursátil. A veces, oro y mineras se mueven juntos (correlación positiva); a veces, en direcciones opuestas (correlación negativa); y, en ocasiones, una se adelanta a la otra, lo que marca el inicio o el final de un ciclo.

Quien invierte en oro sin entender las mineras está viendo sólo la mitad del cuadro. Comprenderlas es comprender la cadena de valor completa, desde la roca hasta el lingote. Sin las mineras, no habría oro. Todo empieza con un depósito oculto bajo tierra y con miles de personas que dedican su vida a descubrirlo, desarrollarlo y explotarlo. Las mineras son el origen de esta economía, pero también un reflejo del mundo: de sus desigualdades geográficas, de sus tensiones políticas, de sus avances tecnológicos y de sus dilemas ambientales. Constituyen una industria esencial para entender la historia económica global y el futuro del oro.

Lo más relevante a la hora de estudiar cualquier negocio minero es, por tanto, ser capaz de analizar su apalancamiento operativo, o dicho de otra manera, saber relacionar todos los costes relativos asociados a la exploración, perforación y extracción de oro con el propio precio del metal. Por tanto, es básico hacer hincapié en sus márgenes:

1. Si el margen por onza aumenta, es cada vez más rentable extraer una onza de oro.
2. Si el margen por onza disminuye, es cada vez menos rentable extraer una onza de oro.

10

¿Por qué estamos en el tercer gran ciclo del oro?

A estas alturas cualquier lector medianamente perspicaz habrá inferido que mi tesis sobre el oro sigue intacta y que probablemente estemos al inicio del tercer gran ciclo del oro.

Como sabes, medir el valor del oro no es algo que se pueda hacer actualizando rendimientos exógenos al presente, sencillamente porque éstos no se producen, así que tenemos que analizar su valor en función de la información de la que disponemos, y ésta a menudo es muy valiosa si sabemos dónde buscar y qué analizar. Para empezar, si lo que creemos es que este ciclo guarda verosimilitud con los anteriores —porque en esta coyuntura también existe incertidumbre sobre el valor futuro de la moneda—, vayamos a los ciclos anteriores y analicemos qué hizo el oro con respecto a la deuda, la inflación, la oferta monetaria y demás variables macroeconómicas con las que correlaciona. El análisis de la siguiente tabla sugiere que, si efectivamente nos encontramos al inicio de un nuevo gran ciclo alcista, los movimientos observados hasta ahora serían sólo el comienzo.

Rendimiento del oro en mercados alcistas seculares

Referencia	Primer ciclo (años 70)	Segundo ciclo (años 2000)	Tercer ciclo (años 2020)
Meses	113	125	36
Precio spot del oro	2400 %	630 %	147 %
Precio real del oro	1125 %	486 %	128 %
Oferta monetaria M2	888 %	305 %	140 %
Deuda nacional	978 %	195 %	115 %
Índice Dow Jones	2352 %	681 %	71 %

Análisis por variables en los ciclos del oro (ratios expresados frente al precio del oro)

Duración del ciclo (en meses)

Los dos ciclos alcistas seculares completos del oro presentan duraciones muy similares, de 113 meses en los años 70 y de 125 en el ciclo de los 2000, lo que sugiere que los grandes movimientos estructurales del oro se desarrollan a lo largo de periodos prolongados, cercanos a una década. El ciclo iniciado en torno a 2022 acumula únicamente 36 meses, una duración todavía reducida en términos históricos, lo que apunta a una fase temprana del proceso de redescubrimiento del precio del protector.

Precio spot del oro

En términos nominales, el oro registró revalorizaciones excepcionales en los ciclos anteriores: de un 2.400 por ciento en los años 70 y de un 630 por ciento en los 2000. Frente a estos precedentes, el aumento del 147 por ciento en el ciclo actual resulta comparativamente modesto. Esta diferencia no implica debilidad estructural, sino que es coherente con un ciclo aún inmaduro y refuerza la idea de que el mercado alcista de este tiempo se encuentra en sus primeras etapas en comparación con los dos anteriores.

Precio real del oro

Ajustado por la inflación, el oro también mostró comportamientos claramente alcistas en los ciclos anteriores, con incrementos del 1.125 por ciento en los 70 y el 486 por ciento a comienzos del siglo XXI. En el ciclo actual, la subida real del 128 por ciento confirma que el oro ya ha comenzado a cumplir su función de preservación de poder adquisitivo, aunque todavía lejos de los niveles alcanzados en fases avanzadas de ciclos anteriores.

Ratio oferta monetaria M2-oro

Ahora analizaremos el comportamiento del oro en relación con otra medida de la inflación: la oferta monetaria M2 de Estados Unidos. La evolución de la oferta monetaria puede considerarse, en muchos aspectos, un indicador de inflación incluso más representativo que el IPC, ampliamente criticado por subestimar la inflación real. Más aún, el crecimiento de la masa monetaria constituye la causa subyacente del fenómeno inflacionario. Como señaló Milton Friedman, premio Nobel de Economía, «la inflación es siempre y en todas partes un fenómeno monetario.»

Desde esta perspectiva, el análisis de la ratio entre la oferta monetaria M2 y el precio del oro resulta especialmente revelador. Durante el mercado alcista secular de la década de 1970, el oro, medido frente al M2, registró un aumento del 888 por ciento en un periodo de 113 meses. En el ciclo alcista de la década de 2000, el incremento fue del 305 por ciento a lo largo de 125 meses. En los dos casos, estos movimientos reflejan que, aunque el oro se apreció de forma significativa, la expansión monetaria fue aún más intensa, lo que erosionó parcialmente su capacidad para absorber el exceso de liquidez generado por el sistema.

En comparación, el mercado alcista secular actual muestra un comportamiento mucho más incipiente. La ratio M2-oro apenas ha aumentado un 140 por ciento en unos 36 meses (hasta el final de 2025). Este dato sugiere que el oro ha comenzado a reaccionar frente a la expansión monetaria, pero todavía no ha compensado plenamente el crecimiento acumulado de la oferta de dinero. Históricamente, este patrón ha sido característico de las fases iniciales de los grandes mercados alcistas seculares del metal precioso.

En consecuencia, lejos de indicar un ciclo maduro o agotado, la evolución actual del oro, en relación con la oferta monetaria, refuerza la idea de que el mercado alcista vigente es relativamente joven y que las afirmaciones que sostienen que lleva demasiado tiempo en marcha no encuentran respaldo en la evidencia histórica ni monetaria.

Al final del primer gran ciclo, la ratio entre la oferta monetaria y el precio de la onza de oro era de 2. Esto significa que se necesitaban unos 2.000 millones de onzas para absorber una oferta monetaria de 980.000 millones de dólares. Si aplicamos esa misma ratio a la oferta monetaria actual, el precio del oro tendría que situarse en torno a los 12.000 dólares por onza para absorber los aproximadamente 23 billones de oferta monetaria actual. Es decir, unos 5.000 millones de onzas de oro.

Gráfico: Relación M2/oro de EE. UU.

El gráfico representa la relación M2-oro de EE. UU., es decir, cuántas onzas de oro serían necesarias (a precios de mercado) para *absorber* la oferta monetaria M2.

Si comparamos la ratio actual con la del final del segundo ciclo, vemos que el cálculo[42] nos lleva a la misma ratio, en torno a 5, es decir, pese a la subida del oro, la masa de dinero creada sigue siendo desproporcionadamente grande en relación con su precio, algo que sólo se corrige en fases avanzadas de los grandes mercados alcistas del oro.

Si al final del segundo ciclo el oro empezó a ser inflacionario contra la moneda fiat, fue porque el sistema reventó en 2008 y el ajuste empezó a hacerse lentamente hasta 2011, cuando la moneda fiat se volvió deflacionaria contra el oro. Pero, actualmente, no estamos en esa situación ni de lejos. Los dos ciclos del oro finalizaron cuando el sistema empezó a reajustarse y resetearse, es decir, cuando el ciclo llegó a su fin y cambió de manera abrupta.

42. Cálculo actual de la ratio M2-oro → 22 billones de dólares/4.600 = 5 veces el precio actual del oro en relación con el tamaño de la masa monetaria.

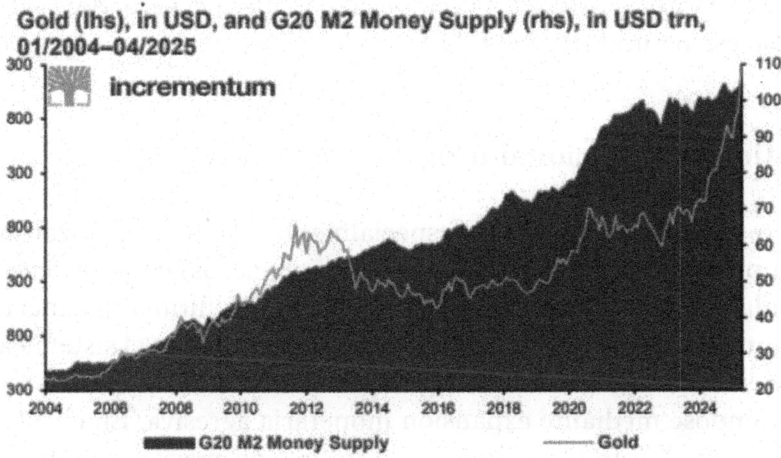

El crecimiento de la oferta monetaria es el principal motor del precio del oro a largo plazo. Después de tres años de crecimiento —en ocasiones negativo—, la oferta monetaria global vuelve ahora a expandirse. En promedio a largo plazo, el M2 de los países del G-20 ha crecido un 7,4 por ciento anual. Actualmente, el crecimiento de la oferta monetaria se sitúa en la parte baja de este rango histórico.

En su muy recomendable libro *The Big Print*, Larry Lepard[43] sostiene que se producirá una aceleración significativa del crecimiento de la oferta monetaria. Si el concepto principal de su obra llega efectivamente a materializarse (y ese concepto es, precisamente, lo que él denomina *the big print*, que veremos enseguida), actuará como otro catalizador del gran mercado alcista de largo plazo del oro, que es lo que parece estar anticipando ya el oro.

43. Larry Lepard (o Lawrence Lepard, como aparece en sus perfiles públicos) es un defensor acérrimo del dinero sólido y ha desarrollado extensamente la idea de *the big print* en su libro *The Big Print: What Happened to America and How Sound Money Will Fix It* (publicado en 2025). En esencia, sostiene que el sistema monetario fíat actual, liderado por bancos centrales como la Fed, está atrapado en un ciclo inevitable de expansión monetaria masiva debido a la acumulación de deuda insostenible, déficits fiscales crecientes y la necesidad de mantener la estabilidad financiera a toda costa.

Por tanto, el oro ya está reaccionando, pero el verdadero impulso estructural aún no se ha dado.

Ratio deuda nacional-oro

Otro indicador que resulta especialmente útil para analizar el comportamiento del oro (y los metales preciosos) es su relación con la deuda nacional de Estados Unidos. En última instancia, cuanto más crece la deuda pública, más se aproxima el sistema a una crisis fiscal estructural, que históricamente ha terminado resolviéndose mediante expansión monetaria agresiva. En el contexto actual, esto se traduce en la impresión masiva de dinero para financiar déficits crecientes, lo que abre la puerta a una crisis monetaria de gran escala y a episodios de inflación elevada o incluso de hiperinflación.

Este indicador refuerza la narrativa de que el oro no sólo actúa como cobertura frente a la inflación, sino que también anticipa crisis fiscales profundas. Con una deuda pública que crece a ritmos de entre el 7 y el 10 por ciento anual, muy por encima del crecimiento real del PIB (de en torno al 2 o 3 por ciento), la trayectoria apunta hacia lo que algunos analistas han denominado un *big print*: inyecciones monetarias cada vez mayores para cubrir déficits estructurales que ya superan los 2 billones de dólares anuales. Este proceso implica una dilución progresiva del valor del dinero fiduciario y, por tanto, una revalorización sustancial de los activos monetarios escasos.

La evidencia histórica es clara. Durante el mercado alcista secular de los años 70, el oro, medido en relación con la deuda nacional estadounidense, se revalorizó un 978 por ciento en un periodo de 113 meses. En el ciclo alcista de los años 2000, el aumento fue del 195 por ciento a lo largo de 125 meses. En comparación, el ciclo actual apenas muestra una subida del 115 por ciento en tan sólo 36 meses. Esta divergencia temporal y cuantitativa sugiere que el mercado alcista actual del oro se encuentra todavía en una fase temprana, con un amplio recorrido potencial por delante. Y todo ello a pesar de los acontecimientos vividos con la reciente guerra de Irán la cual solo impacta en forma de volatilidad en el corto plazo, sin alterar la tesis de fondo.

Si se aplican múltiplos históricos similares a los observados en ciclos anteriores, este mercado podría extenderse entre 8 y 10 años adicionales, con rendimientos relativos acumulados del 200 al 900 por ciento, especialmente en escenarios en los que la deuda pública continúe su expansión hacia niveles cercanos o superiores a los 70 billones de dólares. En escenarios extremos de desorden monetario, algunos modelos basados en ciclos pasados apuntan incluso a precios del oro en el entorno de los 15.000 dólares por onza o superiores.

¿Cuáles son los factores estructurales adicionales refuerzan esta tesis? El aumento de las tensiones geopolíticas, los procesos de desdolarización impulsados por países del bloque BRICS mediante la acumulación de oro y las políticas monetarias de los bancos centrales, incluidas las compras de deuda pública bajo distintas formas, actúan como catalizadores de este ajuste. Este mismo enfoque puede extenderse al conjunto de las materias primas, como el cobre o el petróleo, que salvo por la coyuntura bélica actual de la tensión entre EEUU, Israel e Irán, siguen infravaloradas en términos relativos frente a la deuda, lo que sugiere la posibilidad de un superciclo de materias primas impulsado por inflación y desequilibrios fiscales persistentes.

Fíjate: actualmente la deuda total de EE. UU. equivale a unas 300.000 toneladas de oro, muy lejos del mínimo del primer ciclo, situado en las 50.000 toneladas.

Conclusiones

El tercer gran ciclo del oro no es una hipótesis. Es la lectura lógica de una realidad que los números describen con precisión quirúrgica.

A lo largo de este libro hemos recorrido el camino que va desde la naturaleza más profunda del dinero hasta los mecanismos que mueven los mercados, pasando por los ciclos económicos, los indicadores que los anticipan y la historia de los dos grandes movimientos seculares del oro que nos precedieron. Todo ese recorrido apunta en la misma dirección.

La deuda pública de las economías desarrolladas crece a un ritmo que multiplica por tres o cuatro el crecimiento real del PIB. Los intereses de esa deuda superan por primera vez en la historia del dólar el billón de dólares anuales (50% del déficit) y lo hacen en un entorno donde subir tipos de manera creíble y sostenida resulta políticamente imposible. La oferta monetaria M2 se duplicó en menos tiempo del que tardó en hacerlo en los diez años anteriores. Los bancos centrales de economías no occidentales compran oro a un ritmo récord, no como un gesto simbólico sino como una respuesta racional al deterioro que ellos mismos observan desde dentro del sistema. Se cubren de lo que crean.

Nada de esto es nuevo. Es exactamente la misma constelación de factores que precedió al primer gran ciclo, cuando el oro pasó de 35 a 850 dólares. Y al segundo, cuando pasó de 270 a 1.920. La diferencia es que esta vez la base de deuda sobre la que se asienta el problema es seis veces mayor, la velocidad de creación monetaria no tiene precedentes y el proceso de desdolarización de reservas añade una dimensión geopolítica que los ciclos anteriores no tenían.

La aparente sostenibilidad de la deuda estadounidense es, en gran medida, una ilusión nominal. Cuando se analiza en términos de dinero real —ajustada por activos duros como el oro—, la dinámica histórica revela que el metal precioso actúa como un mecanismo de compensación natural de los excesos fiscales: cada vez que la deuda crece de forma descontrolada, el oro se revalúa para reflejar la dilución del fíat y restaurar un equilibrio de valor real. En los años setenta y en los dos mil, el oro explotó cuando esa ilusión nominal se rompió y el reajuste fue abrupto. Hoy, con un aumento del 200% aproximado en cuarenta meses —con la deuda en torno a los 40 billones de dólares frente a un oro a 5000 dólares por onza—, el ciclo es claramente joven: apenas ha empezado a descontar la magnitud real del problema fiscal.

La divergencia entre ambas series lo confirma. La deuda cotizada en oro se sitúa en torno a las 306.000 toneladas a finales de 2025, muy por debajo de los picos históricos de 660.000 toneladas registrados en 2001. La deuda sigue creciendo más rápido que el PIB, y métricas como la ratio oro-deuda o el rendimiento relativo ajustado por expansión fiscal indican que el proceso de ajuste monetario sigue en marcha. Estamos viendo los primeros signos de que el papel del oro como ancla de valor podría intensificarse en las fases siguientes del ciclo, especialmente si se materializa el big print que predice Lepard o si una crisis fiscal definitiva fuerza al sistema a una corrección que ya no pueda diferirse.

El ciclo actual acumula poco más de tres años desde su inicio. Los dos ciclos anteriores duraron entre nueve y once años. En términos de recorrido relativo respecto a la deuda, la masa monetaria y el deterioro del poder adquisitivo, el ajuste completado hasta hoy es una fracción de lo que históricamente ha caracterizado las fases maduras de estos movimientos. Por eso digo que muy probablemente estamos en el principio del principio.

Pero conviene terminar con honestidad intelectual. El oro está sometido a volatilidad. Puede corregir con violencia y lo hará, porque así ha funcionado siempre. El mercado pondrá en jaque esta tesis más de una vez, y lo hará en los momentos más incómodos, cuando la narrativa dominante señale en sentido contrario. La corrección no es el fin del ciclo: es el precio de entrada que el mercado ofrece a quienes tienen la convicción suficiente para sostener la tesis cuando duele.

Ya sabes que nunca he temido mojarme, y que lo fácil para mí sería no hacerlo —especialmente cuando ya no lo necesito, pues mi reputación me precede—. Pero todo mi estudio y todo mi análisis indican que este ciclo va a ganar velocidad significativa cuando la divergencia actual se corrija. Nos encontramos en las etapas iniciales de un cambio estructural profundo, no de un simple rebote cíclico de carácter pasajero. En términos reales, el oro no está caro en absoluto; sigue infravalorado, sobre todo si consideramos la enorme deuda que, en la práctica, depende de él para mantener algo de credibilidad.

Lo que sí garantiza el oro, demostrado a lo largo de milenios y sin una sola excepción desde que cotiza libremente, es esto: nadie que lo haya comprado y mantenido ha perdido poder adquisitivo. Esa es una afirmación que no puede hacerse de ninguna divisa, de ningún banco y de muy pocos activos en la historia del ser humano.

El dinero fiat es una promesa. El oro es el recordatorio de que las promesas se rompen.

Si estás leyendo esto, tienes acceso a un regalo exclusivo para lectores del libro.

Cómo conseguirlo

Escanea este QR con la cámara de tu móvil

Deja tu nombre y email para acceder

Recíbelo al instante